人間と社会の
探究のためのレッスン

伊藤　哲司
著

21世紀を生きる社会心理学

新版

北樹出版

目次

◆新　版◆

21世紀を生きる社会心理学

新版に寄せて

二〇一一年三月一一日に発生した東日本大震災から十年が経過した。改訂前の本書が出版されたのが二〇一六年だったので、かの震災からその時点で五年が経過していたが、それからさらにときが進み、あの震災を振り返る機会が各所で見られた。この本を手に取っている方々が若き大学生だとすれば、当時は小学生。みなさんはあの震災を直接知っているもっとも若い世代ということになる。大地震、大津波、そして福島第一原子力発電所の事故という三つが重なった、文字通り未曾有の大災害を日本社会は体験し、それをいまだ私たちは十分捉え切れていないように私には感じられる。この震災をめぐっての「安全・安心」の捉え方について、読者のみなさんは十年がたちどのように感じておられるだろうか。

そしてこの震災十年のときを、私たちは新型コロナウイルスの感染が拡大するなかで迎えた。すでにこれが始まって約一年が経過している。二〇二〇年に開催されるはずだった東京オリンピック・パラリンピックが新型コロナウイルス感染症のパンデミックによって延期されるという事態を予想できた人は、世界広しと言えどごくわずかだったのではないだろうか。かく言う私も、そのような予想はまったくしていなかった。私は一九六四年（昭和三九年）の生まれであり、その年の一〇月に東京オリンピックが開催された。五月生まれの私は、当時生後六ヶ月であり、それを直接覚えているわけもないが、二〇二〇年は人生二度目の東京オリンピックの機会だと思っていた。

東日本大震災も、きわめて大きなインパクトをこの社会にもたらし、その余波は一〇年たった現在も続いているが、コロナ禍もまた、私たちの社会を大きく変えようとしている。いや、変わらざるをえない状況にあると言った方が正確だろう。ソーシャル・ディスタンスをとることが推奨され（本当に必要なのはフィジカル（物理的）なディスタンスであって、ソーシャル（社会的）ではないと思うが）、オンラインでのやりとりを多用することになった。まさか自宅から大学の授業をしたり、大事な会議や打ちあわせをしたりする時代が来るとは思っていなかった。

自分が勤務している大学の授業などで、私は学生たちにときおり次のように話している。

「二〇二〇年は間違いなく「歴史」に刻まれる年になる。現在私たちはその渦中に生きている。その今ここで何が起きているのかを、よくよく観察し、身をもって体験し、それをしっかり心に刻んでおこう。」

私たちはいわば歴史の証人になりつつある。この十年越しの出来事は、社会にもたらすインパクトの大きさという点で、かなり特異なものだと言ってもよいだろう。それを直接知るというのは、かなり希有な体験である。新型コロナウイルス感染を予防するワクチン接種が進み、それが効を奏すことを願うばかりだが、新型コロナウイルスとの付きあいは、まだ年単位で続いていくことだろう。

本書のタイトルは「二一世紀を生きる社会心理学」である。「はじめに」に書かれてあるとおり、二一世紀という時代を生きている私たちに必要な社会心理学について、いくつものトピックスを取りあげながら論じたものである。その基盤には、常識を鵜呑みにせずずらしてみること、ときに常識を超えた見方をすることがある。

二〇世紀の時代から展望した二一世紀の姿は、人によりそれぞれ違っていただろう。ある人は、バラ色に発達しそれなりに便利になった未来を思い描いていただろうし、またある人は、人類が滅亡の危機に瀕するような状況を思い描いていたかもしれない。二〇世紀に社会的な恐怖感すら巻き起こした「ノストラダムスの大予言」(同名の五島勉氏の著書は一九七三年刊)として一九九九年七月に人類が滅亡するという物語がまことしやかに語られたこともあった。実際には、「バラ色の未来」と「人類滅亡」のいずれでもない、その間をさまようときを、私たちは過ごしているようである。

インターネットが普及し、コロナ禍で対面を避けるため、オンラインでのやりとりがごく普通のことになった。地球温暖化がもたらす気候変動が、自然環境の変化のみならず社会・文化にまで影響を及ぼしてきている。政治家や官僚による不正行為が露わになって、それでもそれに対して決定的に怒りをぶつけない国民の姿もある。世界が必ずしも調和の方向へと向かわず、独裁的なリーダーが権力を振りかざし人権が蹂躙されている地域もある。この文章を書いているつい最近も、ミャンマーでクーデターが発生し、民主化を求める国民が国軍に殺されつつあるという、まことに気が重くなるニュースが流れてきた。

これらはすべて社会的動物としての私たち人間がつくりだしている現実である。ジョン・レノンが「国のない世界を想像してごらん」（イマジン）と平和への希求を歌ったのが一九七一年。それからちょうど五〇年、半世紀がたつが、ジョンが想像した世界とは、かなり違うところに私たちはいる。しかしその現実を受けとめ、単純に希望を語ることはできなくとも、前を向いてよりよく生きていこうとする知恵を生み出すことはできるだろう。本書の存在はあまりにささやかであるが、そのための一助になればと願う。

本書は、二〇一六年に刊行した同名の書籍を改訂した新版である。多くの記述はそのままとしたが、記述が古くなったところなど、若干の加筆修正を行った。また章のなかに置かれてあって読みづらいと読者から指摘を受けたコラムを、各章の間に置くことにした。結果として前著より、少し内容の厚みを増すことができたかと思う。拙著を手に取っていただけたことに、心から感謝申し上げたい。

『常識を疑ってみる心理学』から本書に至るまで、北樹出版の福田千晶さんには大変お世話になりました。福田さんなしでは、これらの拙著が世に出ることはありませんでした。記して深く謝意を表します。

二〇二一年三月三一日　つくば市の自宅にて　伊藤哲司

0 はじめに——常識をずらしてみること

常識とは何だろうか。英語で常識は「common sense」という。「common」は「共通の」、「sense」は「センス、感覚」という意味であるから、直訳すれば「共通感覚」。独りよがりではなく、多くの人が「それは当然そうだ」と思うことを指している。もう少し正確に言えば、その社会であたりまえのものとして共有されている社会的な礼儀や作法、ものの考え方や基本的な知識を指している。

そのような常識をきちんともっていない人は、社会のなかで問題視され、ときに軽蔑の対象にすらなる。「常識外れの」という言葉が、ときに「驚異的な」という意味での肯定的な意味をもつことはありうるが、「常識がない」という言葉を、ほめ言葉として解釈することはまずあるまい。

この社会で生きていくために、そのような常識を身につけることは必要である。しかしそれらすべてを鵜呑みにすることはどうなのか。そこに違和感を覚えることがあれば、むしろそれを大事にし、そこから生まれる疑問を育んでいったらよいのではないか。実はそこに「学問」の始まりの芽である「問い」が生まれる。本書をこの点から始めてみよう。

学校という場は、常識を身につけさせようとする場である。常識をもっているとされている教師が、常識をまだ十分もっていないとされている児童・生徒にそれを教えることが、学校での基本的な営みだ。ここでいう常識には、学力を構成するとされる基礎知識も含まれる。たしかに、そのような「常識の教授」という学校の基本的な機能はきわめて大事で、そのようにして人を育てていく学校というものがなければ、社会を安定的に担う人が育たず、社会そのものが成り立たなくなってしまうだろうことは想像に難くない。たとえば、紛争で荒廃してしまった国を立て直すのに、学校の再建が重視されるのは、言うまでもなくそのためである。

大人になるということは、その社会における常識とされていることを適切に身につけていくことという側面が含まれていることは間違いない。そのプロセスは「社会化」とも呼ばれる。人間は個として生きているわけではなく、必ず他の人と社会的な人間関係を結んだそのなかで生きている。それゆえ、社会化が十分なされないまま歳を重ねた人がいたとすれば、まわりの人がその人をまともに取りあわなかったりするし、当人もその社会に適応して生きていくということが困難になるかもしれない。そこで身につけるべき常識とは、いわばその社会のなかで物事を考えたり判断したりする標準（スタンダード）となるものでもある。

＊　＊　＊

このような常識が重要なものであるということには、さしあたり異論はあるまい。しかし、その社会で常識とされるものだけを身につけて子どもが青年期を経て大人になっていくのであれば、その社会が何らかの意味で「新たに展開する」とか「発展する」とかということはほとんど望めないのではないかとも思えてくる。

たとえば芸術の世界を考えてみよう。それまでの芸術作品が是としてきた範囲でしか次なる芸術作品が生み出されないとしたならば、それは概して凡庸で、飽き足りないものにしかならないのではなかろうか。それまでの常識を打ち破るような芸術作品が生み出されたとき、私たちは、そのような芸術作品に対して、目を見開き、心揺さぶられ、さらには感動を覚えたりもするものだろう。一見、たいへん奇抜に思えるピカソの絵が、きわめて高い評価を受けたのは、彼の作品が、それまでの常識から大きく外れたものだったからに違いない。

技術だってそうだ。新たな技術と呼べるものは、それまでの技術の常識を超克したところにある。たとえば、今ではごくありふれたことと思われている体外受精の技術は、それが当初登場し、実際に赤ん坊が生まれたとき（一九七八年）には「試験管ベビー」と呼ばれた。それは、普通ではあり得ない特別なことという位置づけであったし、生命倫理に関わることだけに、多くの議論を呼んだ。当初はむしろ、抵抗感を覚える人のほうが多かったに違いない。しかしそれは、それまでの常識をはるかに超えた新たな生殖技術だった。もちろんそのことに関わる議論はなお続いているものの、その技術は不妊に悩む夫婦に朗報をもたらしうる技術として、今やすっかりこの社会に定着している。二〇一七年現在、日本では約十六人に一人が体外受精によって生まれた子どもであり、増加傾向が続いている。

科学理論の世界でも、その進展・発展は、それまで常識とされていたことの先にある。絶対時間と絶対空間を前提としたニュートン力学が常識とされ、それがすべての物理法則の基盤だと考えられたままであったなら、アインシュタインの相対性理論は生まれてこなかった。逆に言えばアインシュタインは、時間は一定ではなく、空間も歪むことがあると考え、それまでの物理学の常識から外れたことを想定したからこそ、こうした飛躍的で画期的な理論を生み出すことができた。そのような常識を超えるひらめきが、素晴らしい理論的成果を生む好例である。

Pablo Picasso

Albert Einstein

現在はインターネットのない世界は考えられないほどになっているが、コンピュータが生まれ、それがパソコンへと進化し、遠隔にある人同士が繋がることができる技術が、ここまで世界のあり方を変えることになるとは、当初は誰も想像しなかったことだろう。いまやほとんどの人がスマホ（スマートフォン）というきわめて高機能の端末を常に持ち歩き、いつどこにいてもほしい情報を入手できるだけでなく、即座に情報を発信することもできる。そしてそのことが、社会のあり方を大きく左右するものになりうることは、いまでは常識である。その常識もまた、さらに刷新されていくに違いない。昨今では情報化社会（ソサエティ4.0）の次のソサエティ5.0という未来社会のコンセプトが語られ始めている。広く知られるようになったSDGs（国連の持続可能な開発目標）は、誰一人取り残さないことをコンセプトに多岐に渡る17の目標を二〇三〇年までに達成することが目指されている。

きわめて重要であると考えられている常識ではあるが、その一方どこまでも常識の範囲内でしか物事を考えないでいたのでは、本当に新しい展開は開けてこない。常識の範囲内での振る舞いをする子どもは、「大人しくて良い子」として褒められるかもしれないが、それは大人にとって、この社会にとって、さしあたり都合がいいということでしかないのかもしれない。大人たちの社会、たとえば企業社会のなかであっても、常識の範囲内でしか発想も行動もしない社員ばかりであったなら、新たな展開は望めないことだろう。

＊　＊　＊

だからといって、いきなり「常識を疑ってみよ」と言うと、そこに否定的なニュアンスが込められすぎてしまうだろうか。もちろん、ありとあらゆる常識を疑ってみよというのではなく、まずは疑うべき常識が何かということを見極めよということが、当然そこに含まれるのだが。いや、それでも大事な常識をひっくり返すというようなニュアンスを感じとって抵抗感を覚えるというならば、「常識をずらしてみる」という言い方でもいい。親が教えてくれたこと、学校の先生が教えてくれたこと、テレビやインターネットで言われていたこと、新聞に書いてあったこと等のなかに、ちょっとこれは違うのではないかと思うものはないだろうか。そこで語られている常識を、そのまま真に受けることをせずに、少しずらして見る試みをしてみてはどうだろうか。

たとえば、ときおり耳にする言い方に「いい学校」という言葉がある。それを何とも思わず聞き流していたとしたら、そこで少し立ち止まって考えてみたい。たとえば「○○高校はいい学校だ」と言われるときに、それは何を含意しているのだろうか。

端的にそれは、「偏差値の高い学校」、いわゆる「頭のいい学校」を指しているのではないか。そう言われて私たちは、わりとそれを了解しあえる意味世界に生きていることに気づく。そう、「いい学校」とはそういうものだ。中学生だって、「できるだけいい学校に進学しなさい」と言われれば、その含意がまったくわからないということはなく、その意味するところを受けとめることだろう。しかし「頭がいい」とはどういうことなのだろうか。「偏差値が高い」とは何を指しているのだろうか。どうしてそれが高いことが「いい学校」とされるのだろうか。何気なく抱いていた常識を少しずらしてみると、そこからいくつもの疑問点が噴出してくる。

よく考えてみると、そもそも偏差値という指標が、どのようにして計算されるものかを、私たちの多くはほとんど知らない。平均値が五〇だということは何となく知っていて、偏差値六〇と言われるとそれなりに勉強がよくできて、偏差値七〇ともなると、相当勉強ができるというぐらいに了解していても、それが本当に指し示すことはほとんど理解していないのではないか。偏差値七〇を超える高校を受験する中学生たちと同じぐらいのテストの点を高校受験する全中学生が取ったならば、その高校の偏差値は五〇になる、という単純なことに気づくこともなかなかできない。

別の例を挙げよう。「タウリン一〇〇〇ミリグラム配合」と聞けば多くの人は、とある栄養ドリンクのキャッチコピーだとわかるだろう。そしてそのドリンクには、疲労を取り除き元気にしてくれる源がそこに含まれていると理解しているのではないか。それが「タウリン」であり、「一〇〇〇ミリグラム」も配合されているのだから、一度買って試してみようかと思ってもおかしくない。まさに広告効果だが、よく考えてみればタウリンが何かということなどまったく知らず、一〇〇〇ミリグラムというのがどういう量なのかも知らなかったりする。しかし、「タウリン一〇〇〇ミリグラム配合」が力になるという常識が、私たちのなかにすり込まれてしまってはいないだろうか。

また、「英語＝国際語」というのも、ひとつの常識としてすっかり定着している。中学生、あるいはそれ以前に外国語を学ぶことになったときに、英語以外の選択肢がなかったという人も多いだろう。たしかに世界の多くの国や地域で共通言語として英語が用いられ、国際的なビジネスでも必要とされているし、国際会議でもそれが使用されることが圧倒的に多い。しかし英語は、世界に数千あると言われる言語の一つに過ぎず、学びやすいからそれを多くの人が使っているというのではなく、かつての植民地支配に根を持つ国際的な力関係の中で英語が広く普及しているに過ぎない。もちろん、英語ができるか否かと、その人の能力の高さというのは、別物である。英語に代わる国際的な共通言語はなかなか見当たらないのも事実だが、一八八七年にポーランド人の眼科医ザメンホフによって創案されたエスペラントという人工言語があり、国際エスペラント大会は現在も毎年世界のどこかで開かれていることをご存じだろうか。宮沢賢治も強い関心を寄せたというこの言語のことを調べてみると、国際語とは何なのかについて新たな見識が見えてくる。

＊　＊　＊

もう一度、常識とは何かという話に戻ろう。常識は、私たちが物事を考えたり判断したりする標準（スタンダード）となるものであった。その常識が揺らいでしまうということは、物事を考えたり判断したりする標準が揺らいでしまうということになりかねない。そうだとすれば、それはまことに不安なことだろう。なぜなら、依って立つ土台がグラグラすると、そこに安心して立脚してはいられなくなるからだ。

だから私たちの多くは、いちいち常識を疑ったり、それをずらしてみたりしようなどとはしないものなのかもしれない。常識に寄りかかっているほうが、はるかに楽だからだ。寄らば大樹の陰とも言う。常識は「大樹」でもある。いちいち目くじらを立てたりせず、安穏としているほうが、それに依拠している自分自身、すなわち自己も安定していられるのかもしれない。

しかしそれでは進歩がない。発展も展開も望めないというときに、やはり常識に安住しないという態度が必要になってくる。素朴な違和感を大事にすることだ。違和感を覚えることすら忘れていたなら、それを取り戻すことから始めなくてはならない。ただしそれは、自己の安定感を損なうことにもなりかねない。だから同時に必要なのは、自前のモノサシを持つことである。モノサシとは、いわゆる価値観である。自前のモノサシは、そっくりそのまま外から与えられるものではなく、自力でつくりあげていかねばならないものである。しかも、なかなか完成形が見えないから、幾度も更新されていくことになるだろう。

「常識をずらしてみる」ということと「モノサシを自力でつくりあげていく」ということは、実は一体なのである。前者を実践しようとすれば、後者がどうしても必要になるし、後者を実行していけば、自ずと前者の実践が生まれてくるだろう。

ただし私たちは社会的動物である。たったひとりでこの世に生きているという人は誰ひとりいない。私たちは、「モノサシを自力でつくりあげていく」という努力を、孤独に行う必要はない。意識せずとも多くの人々の影響をこのモノサシは受けるものだが、これをよりよいものにしていくためには、むしろ多くの人の声がそこに含まれていくほうが好ましい。だれか特定の人の声がすべてではなく、多くの人の声のなかから取捨選択をし、あるいはそれらを組み合わせ、自分なりの声に変えていく。それがモノサシの中心になっていく。そのために必要かつ重要なのは、他者との対話であり、自分自身との対話である。

そうすれば、自信満々とはいかなくとも、それなりの自信をもって常識とは違った見方が自ずとできるようになっていくだろう。それは、他の人に批判されるかもしれない。ダメ出しを受けるかもしれない。試練を迎えるときだってあるだろう。きっと、ピカソも、アインシュタインも、そのほかそれまでの常識を超える何かを生み出したすべての先人たちは、そんなところをくぐったに違いない。

さらに言えば、この世のさまざまな問いの多くは「正しい答え」がひとつだけあるわけではない。少なくとも高校時代までの学校の勉強では、「正しい答え」がひとつだけあった。先生はそれを知っていて、生徒はそれを十分知らず、それを知る営みが「勉強」だった。そんな勉強が、心から面白いと思えることが少ないのは当然だ。だって正しい答えは、私たちがそれに取り組む前から、もう決まっているのだから。

そんな勉強に代わる営みは「学問」である。勉強が「強いられて勉める」ものであるならば、学問は「問うて学ぶ」ものだ。そして問うのは誰かといえば、それもまた自分自身である。しかもそこには、あらかじめ用意された「正しい答え」はない。答えが見つかったとしても、正しいのはひとつであるとも限らない。なんという不安定感、なんという不全感、モヤモヤが残る。しかしだからこそ面白い。そう思えたら、勉強の世界を脱却して、学問の世界へと移行できるだろう。実は、常識をずらしてみること、常識を超えた見方をすることは、学問の始まりに他ならないのである。「問うて学ぶ」という営みは、「自分にとっての世界を変えていくこと」でもある。面白くないわけがない。

＊　＊　＊

本書は、このような基本的な問題意識を基盤とし、二一世紀という時代を生きている私たちにとって必要な社会心理学について、いくつものトピックスを取りあげながら書き綴ったものである。ただし、社会心理学を体系的に解説した本ではないことはあらかじめお断りしておかねばならない。具体的なトピックスについて、社会心理学の視座でそれを捉えつつ、そこで常識とされている見方をずらし、別の見方を見出していくような、そんなスタンスで書かれてある。そこには、唯一の正しい答えが提示されているわけではない。この本を読んだ方が、それをヒントに、さらに自分の見方を模索する、そんなことに繋がっていくことが期待されている。

本書の前には『二一世紀を生きる社会心理学――人間と社会の探究入門』（二〇一六年刊）があり、その前には『第三版・常識を疑ってみる心理学――自分なりのモノサシを持つ』（二〇一〇年刊行）がある。さらにその前には『改訂版・常識を疑ってみる心理学――モノの見方のパラダイム変革』（二〇〇五年刊行）と『常識を疑ってみる心理学――「世界」を変える知の冒険』（二〇〇〇年刊行）があった。「常識を疑ってみる」というコンセプトを全面に出したこれらの拙著を使って、筆者が勤務する茨城大学で一年生向けの科目を長年担当してきた。およそ五年ごとに改訂を繰り返してきたが、授業を重ねるなかで、「常識を疑ってみる」という表現に抵抗感がある学生もいることを感じてきた。前回思い切って全面的に改訂し、タイトルも変えてこのようなかたちに至っている。本書の根底には、改訂を重ねてきたかつての拙著がある。一部の記述は、これらの拙著と重複していることを付言しておきたい。

＊　＊　＊

1 社会心理学の視座

私たちは社会的動物である。二〇二〇年にパンデミックとなった新型コロナウイルスの感染拡大は、そのことをあらためて認識させられる機会となった。人と人との直接の接触にかなり制約が設けられ、むしろ物理的な距離ができたことで、人と人とのぬくもり、社会的な距離の近さを求めるようになったのではなかろうか。

社会心理学は、そんな社会をつくりその社会のなかで生きる人間の有り様を捉え読み解いていこうとする学問分野である。この章では、その社会心理学がどのような視座で人間を見つめようとするのかについて考えてみる。

人間がつくりだす社会は、常に私たちにとって良いと感じられるものとは限らない。それはときに私たちに違和感を覚えさせたり、理不尽なルールを押しつけたりするし、さらには牙をむいて襲いかかってくるようなときすらある。

しかしそれでも私たちは社会のなかでしか生きられない。自分自身もその渦中にいながら、それを内側から捉えていく方法についても考えてみよう。

《1．「社会的動物」としての私たち》

「友だちなんていなくても大丈夫。私はコンビニとスマホがあれば一人でも生きていけます」――そんなことを言う人がいたとしたら、あなたはどう思うだろうか。

……なるほど、そうかもしれない。それもいいかもしれない。人間関係はまことに煩わしい。だったらいっそそんなものはすべて切り捨てて、自分一人で気ままに生きていけばいい。コンビニがあれば、食料品も生活必需品も一通りはそろう。店員と会話などしなくても買い物もできるから、言葉を発する必要すらない。情報がほしければスマホでネットにアクセス。そこでさしあたり必要な情報さえ得れば、テレビを見る必要もなければ、新聞を読む必要もない。スマホで誰かと電話することもせず、SNS（ソーシャル・ネットワーキング・サービス）だって眺めているだけで十分だ……。

「ひきこもり」とまでいかなくても、それに近い生活を送ろうと思えば、たしかにそれもできるだろう。一日誰とも話をすることもなく、自分の世界だけにこもって生活することは、コンビニとスマホぐらいあれば、さほど不自由なくできそうだ。コンビニでの買い物やスマホ利用料の支払いのためのお金をどう稼ぐかという問題があるが、貯金があれば当座はしのげるし、インターネットを使ってスマホで仕事ができるなら、それもどうにかクリアできるかもしれない。

人間ははたして一人で生きていくことができるのかということを考えてみたときに、現代社会においては、たとえばこんなケースが思い浮かぶ。現実にこれに近い生活をしている人もいることだろう。こんな「コンビニとスマホだけ」の生活は、しかし本当に「一人で生きていく」ことだと言えるだろうか。

コンビニの背後には、もちろんさまざまな物流のシステムがある。そのシステムを構築し支えている人がいるわけだ。コンビニは、物を売り買いするだけの場ではない。たとえば各種公共料金の支払いができるのも、コンビニの機能の一つである。宅配便をそこから出すこともできる、なんならコンビニ留めで送ってもらった個人宛の物を受け取ることもできる。インターネットで予約した各種チケットの発券もしてもらえる。それらを支えている多くの人がいてコンビニが成り立っているわけである。二四時間使える清潔なトイレ、それもまた誰かの小まめな清掃作業によって支えられている。コンビニを利用するということは、コンビニが提供する多様なサービスを提供する人々と、直接言葉を

交わしたり対面したりすることがなくても、何らかのやりとりを直接・間接にすることに他ならない。

スマホという情報端末もまた、膨大な人々によって支えられたシステムを形成している。スマホはインターネットに常時繋がっている。そのインターネットには、世界のおびただしい数の人々が接続していて、さまざまなやりとりをしている。スマホで手軽に求めたい情報にアクセスできるのは、その情報を誰かが提供しているからである。いや自分は、そうした情報を一方的にもらっているだけで、何も発信していないから、そこに関わっているとは言えないと思うかもしれない。しかし情報を発信している人たちは、それがどのような人たちにどのくらい見られているのかということを気にかけるものだろう。ということは、情報を見ている自分のことが相手に直接伝わるかどうかはともかく、すでにそのやりとりのなかに足を踏み入れているということになる。そもそもスマホという高度で精密な機械を手軽に手に入れられるのは、開発をしてそれをつくった多くの技術者やメーカーがあってのことだ。そこにはまた、多くの人々が関わっており、それらの人たちも、ユーザーのニーズを敏感に知ろうとしていることだろう。

「コンビニとスマホだけ」といっても、結局そこには多くの人々の関わりとやりとりがあるわけである。私たちはそこからまったく自由になることは、それらを利用する限りはできないのである。かくして私たちは、仮に「コンビニとスマホだけ」の生活をしたとしても、実に多くの人たちと社会的

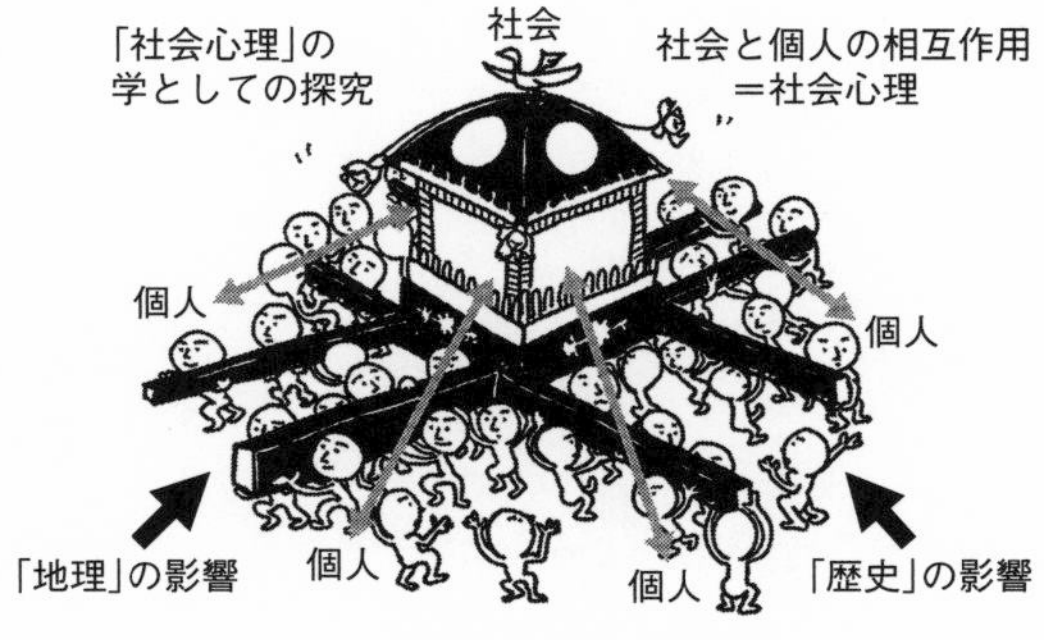

図１　社会的動物としての人間

な関係を結びながら生きていることがわかる。

私たち人間はすべて「社会的動物（ソーシャル・アニマル）」である。図1を見ていただきたい。そこに描かれているのは、御《お》神輿《みこし》を担いでワッショイワッショイとやっている個々人の姿であるが、私たちは常に、誰かと一緒に声を掛け合いながら、つまり何らかの人間関係をそこに紡ぎながら、このような御神輿を担いでいる存在である。この御神輿が「社会」である。私たちは、御神輿（社会）をつくり、それを常に揺らしている。そうしているうちに御神輿の大きさや形が変わることもあるだろう。また御神輿の揺らし方が変わることもあるだろう。それに、担いでいる御神輿は、ひとつではなさそうだ。家族という御神輿、地域社会という御神輿、インターネット上のSNSという御神輿、学校という御神輿、会社という御神輿、市町村という御神輿、そして日本という御神輿……。

この御神輿たる社会は、一方的につくられ揺らされているだけの存在ではない。それはあたかもひとつの実体であるかのように揺れ動き、個々人の揺れ方を決めてくる。一人ひとりの個人は、自分の好むと好まざるとにかかわらず、その揺れのなかに身を置くことになる。その揺れ方がたいへん心地よいこともあるだろう。家族という小さな御神輿が、安心感のある揺れ方をしてくれれば、個人は「自分の家族はやっぱりいい」という幸福感に浸ることができる。しかし、いつもそうとは限らない。たとえば会社という御神輿が、なんとも心地のよくない揺れ方をしているとしよう。自分のやりたい仕事はこんなんじゃない。自分のやった仕事に見合った待遇が得られない。自分のことが十分評価されないまま長い年月がたっている……。そんなことがあっても、諸事情で容易に転職できないということもあるだろう。

御神輿の揺れ方が心地よくなくても、私たちは相も変わらずそのなかでワッショイワッショイとやり続けてしまうことがあるのである。もちろん御神輿をつくりかえることは不可能ではない。思い切って転職すれば、あるいは外国に留学をするなどすれば、それまでの御神輿から離脱して別の御神輿の揺れ方のなかに入ることができる。また、自分が担いでいる御神輿を、周囲の人たちと一緒に協力し、少しつくりあげることもできるかもしれない。たとえば学校のなかで動きを起こして先生たちと掛け合い生徒たちが校則をつくりかえれば、学校という御神輿はたしかに変わるだろう。国という御神輿があらぬ方向に進んでしまいそうなときに、大規模な反対の世論を喚起していけたなら、それを阻止して、よりマシな御神輿にすることもできるだろう。

この御神輿には、「歴史」の影響というものもある。その時代時代に当然とされる事柄が違うのであれば、自ずとそのときの御神輿のありようもそれに規定される。たとえば男女共同参画という発想がそもそもなく、男性のみに参政権が与えられていた時代であれば、「男女平等」ということを思考する御神輿の揺れ方は、なかなか起こせないだろうし、逆にジェンダーに敏感な時代になれば、「男女平等」という考えを必ずしも良しと考えない人たちにも、その影響は及んでくる。

さらにこの御神輿には、「地理」の影響もある。大陸に住んでいるのか島嶼《とうしょ》部に住んでいるのかによって、私たちの心持ちは変わるだろうし、そこでの地域共同体のかたち——これもまた御神輿の一種——も自ずと違ったものになるだろう。温暖な地域に住んでいるのか、寒冷な地域に住んでいるのか、あるいは四季の移り変わりがはっきりある地域に住んでいるのかによっても、御神輿はそれに適したものへとなっているだろう。どういう地域でどういうものを食べながら人々が生きているのかは、御神輿のあり方を決める大きな要因である。

このような複数の御神輿を、同時並行的に担いでいるのが私たち人間である。「コンビニとスマホだけ」の生活をしていたとしても、この御神輿たる「社会」から自由になっているわけではない。私たちはすべてそのような意味において「社会的動物」なのである。

社会心理学は、そのような「社会的動物としての人間」に強い関心を抱き、そのような人間がどのような状況でどのような振る舞いをするのか、そのときにどんなことを思考し判断し意思決定をするのかといったこと、すなわち社会的な行動と心理のありようを解き明かそうとする学問分野である。

《2.「社会」心理学と「社会心理」学》

ところで「○○×××学」というように言うとき、「○○」と「×××学」はそれぞれ何を指しているのだろうか？

「○○心理学」というだけでも、「知覚心理学」「認知心理学」「社会心理学」「教育心理学」「臨床心理学」等々、実にたくさんある。通常これらは、心理学という大きな学問の一領域として捉えられている。つまり「知覚心理学」も「社会心理学」も、心理学の一領域だというわけである。ものの見え方がどうかといったことを扱う知覚心理学と、社会のなかでの人間の振る舞いがどうかといったことを扱う社会心理学が、同じ心理学であるということは、素朴にはそう捉えづらいかもしれないが、実際そうとされているわけである。

どの学問分野であっても、それぞれに特徴的な研究の方法がある。心理学でいえば、観察・実験・

質問紙調査・アーカイブ分析（資料分析）といったことが具体的な方法としてとられることが多い。また、文化人類学や社会学でよくとられるフィールドワークという方法をとる心理学研究も、けっして珍しくなくなった。実は上記の「×××学」というのは、それぞれの学問分野に特徴づけられた方法を主に表しているのである。となれば同じ心理学とは思えないぐらい違うものに見える研究が、方法というところで繋がっていることがわかる。

一方「○○」の部分、すなわち「知覚」「認知」「社会」といった部分はどうか。これは端的に、その研究で対象としているものだと言えよう。人間の「知覚」について心理学の方法論で研究するのが「知覚心理学」であるといった具合である。「○○」が研究対象、「×××学」が研究方法だとすれば、たとえば「生理心理学」と「心理生理学」の違いというのは、具体的な詳細まではわからないとしても、おおよそ理解ができる。前者は、「生理」という現象を対象に「心理学」の方法でアプローチするものであるし、後者は、「心理」という現象を対象に「生理学」の方法でアプローチするものである、というわけだ。一見両者が同じようなものに見えたとしても、そのような違いがあるということは理解ができる。

この文法に従うならば、「社会心理学」は、「社会」という対象に「心理学」の方法でアプローチするものだということになる。だとすれば社会心理学は、当然のごとく心理学の一領域として位置づけられる。それを「社会」心理学と書き表しておこう。心理学は、個人の心を主に研究しているところがあるわけだが、「社会」心理学は、個人の心というよりも、むしろ「社会」に焦点を当てているというわけである。その上で、観察・実験・質問紙調査・アーカイブ分析、そしてフィールドワークといった心理学の方法を採る。実際の社会心理学研究では、たとえば対人関係といったこともしばしば対象になるから、そこでの「社会」というのは、二人以上の人が何らかの相互作用をしているものを指しており、通常「社会」とは必ずしも呼んでいないものも含まれている。

しかし社会心理学は、そのような心理学の一領域の範囲を超えているのではないかという主張がある。「社会」の心理学ではなく、「社会心理」の学だというわけである。「社会心理」学は、心理学の一領域に留まらない。主に個人の心を対象とする心理学、そして主に社会を対象とする社会学、さらには主に文化を対象とする文化人類学にまたがるような、そんな学際的な位置づけがされるのが「社会心理」学である（図2）。ではそこで言う「社会心理」とは何なのだろうか？

図1に戻ろう。そこに描かれている御神輿とその担ぎ手である個々人の間には相互作用がある。私たち個人は御神輿という社会をつくりそれをワッショイワッショイと揺らしている。私たちは生まれたその直後から、母子関係とか父子関係とかきょうだい関係といった家族の御神輿に入れられるから、個人が先にあって社会たる御神輿がつくられるという言い方は必ずしも正しくないのだが、最初から

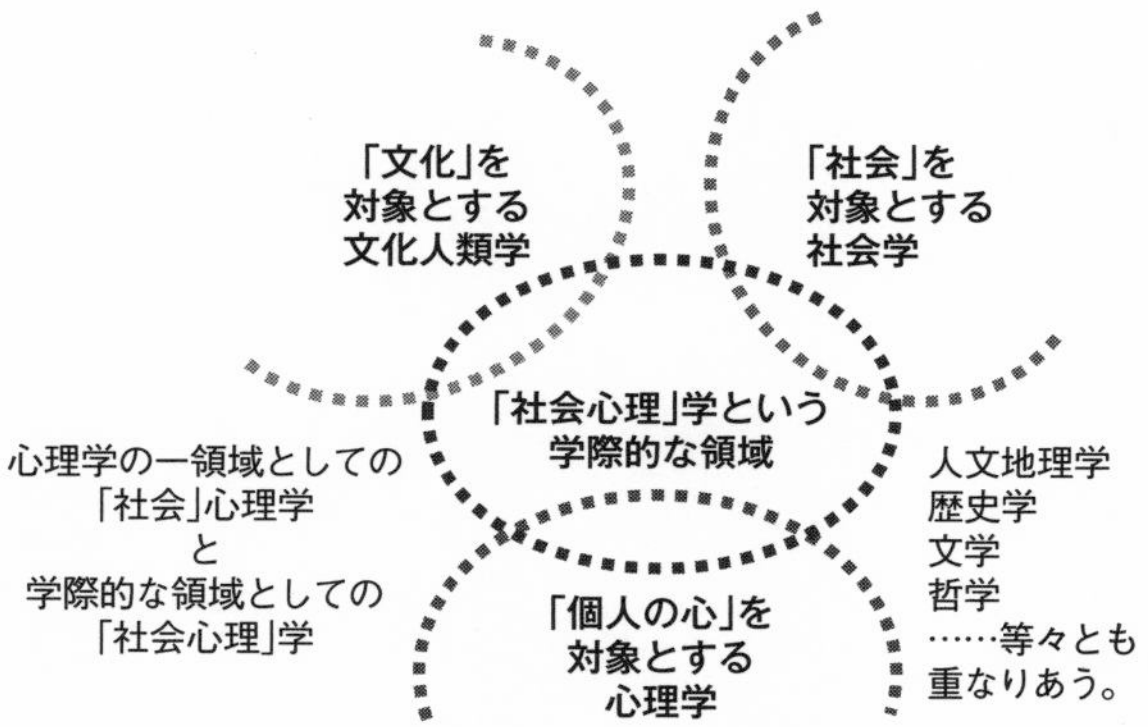

図２　学際的分野としての「社会心理」学

社会的動物として生まれてきた私たちが、また社会をつくりかえていっていることも事実である。まったく新しい御神輿たる社会をつくりあげることは困難なことではあるが、それもまたあり得ることである。

そのようにしてできた御神輿は、私たち個人それぞれのあり方を規定してくる。より具体的には、明示化されているものの例として国の法律があり、学校の校則が挙げられる。私たちはそれに従って振る舞うことを求められているのは言うまでもない。もちろんそれに反する行動をする個人も出てくるが、そうした行動は処罰の対象になるから、そのような逸脱行動は自由にとりうるものにはならない。また明示化されていないものとしては、その社会で共有された規範や通念、習俗・習慣や雰囲気といったものがある。その場の空気を読まない人をうとましく思うことがあるように、こうした明示化されてはいない社会からの要請にも、私たちは影響を受け、

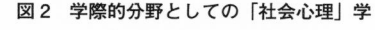

ときにそれに拘束されるのである。

このような個人が社会をつくり、社会が私たちの立ち振る舞いを決めてくる、この相互作用全体を「社会心理」と呼ぶことにする。すでに言及したように、そこには「歴史」という時間軸、「地理」という空間軸の影響も明らかに見て取れる。このように考えてくると、「個人の心」と思われているものは、本当に個人のものなのかという疑問も湧いてくるだろう。「個人の心」が本当にその個人のものならば、基本的にその人の自由になるもののはずだ。しかし現実はそうではない。私たちはそれぞれ「個人の心」をもっていると思いながらも、その心はなかなか自分の思いのままにはならないことを多々経験している。心もまた、社会的な関係のなかに位置づけられる、もしくは社会的な関係のなかで発生してくるものなのである。

個人のものでありながら個人のものとも言い切れない心、そしてその理である「心理」は、常に社会的なもの、すなわち「社会心理」であると言ってもよい。それをとことん探究しようというのが「社会心理」学である。念のために付言しておくが、社会心理学者の全員が、このような捉え方をしているわけではない。社会心理学を心理学の一領域とする、すなわち「社会」心理学として捉えている社会心理学者も多いし、むしろそのほうが主流とさえ言える。しかし本書では、ここまで述べてきたスタンスを大事にする立場から「社会心理」学として社会心理学を位置づける。すでにそれ自体が学際的な分野なのである。

「学際的」という一般には馴染みの薄い言葉にも、少し解説を加えておこう。「国際的」という言葉なら知らない人はいないだろう。英語でいえば「international」。「national」は「国」を意味する形容詞であり、「inter-」は「際・間・関係」といった意味であるから、international は国と国との間、すなわち国際関係を表していることになる。一方「学際的」は、「interdisciplinary」と言う。「discipline」というのは日本語では「学範」。ある既存の学問分野のことを指す。その形容詞形である「disciplinary」に「inter-」が付いているのであるから、それは既存の学問分野同士の間や関係を示すことになる。したがって「学際的」とは、既存の学問分野をまたがる、あるいはそれらを繋ぐ役割をするといった含意があるのである。ときに耳にするかもしれない「文理融合」というのは、文系の学問分野と理系の学問分野が融合して何かしようということであるから、学際的な取り組みの最たるものとも言えそうだ。「社会心理」学は、そこまではいかずとも、もともとそれ自体が学際的な位置づけがなされるものなのである。本書で以下、単に社会心理学と書いた場合は、「社会」心理学ではなく、「社会心理」学を指すものとする。

《3. 自分の内なるステレオタイプに気づく》

さて、冒頭から少々理屈っぽい話が続いたので、もう少し具体的なことを考えてみよう。社会心理学では、御神輿とその担ぎ手にたとえられる社会的動物としての人間を捉えようとする。その一人ひとりが私たち自身に他ならないわけだが、その私たちは、文字どおり公平中立に人間や物事、現象を捉えたり、それらを分析したりできるのだろうか?

たとえば「アメリカ人」を例に考えてみよう。「アメリカ人」と聞いて、思い浮かべるイメージは何であろうか。アメリカ人の友人がいる人ならば、その人のことを真っ先に思い浮かべるかもしれない。あるいは、アメリカ映画に登場する俳優を思い浮かべる人もいるだろう。または、具体的な人物ではなく、「自由」「大きい」「ユーモアがある」「イエスとノーをはっきりと言う」といったアメリカ人にありがちと思われている特徴が思い浮かぶ人もいるだろう。もちろん必ずしもプラスのイメージだけでなく、「こわそう」「おおざっぱ」といったマイナスのイメージも浮かぶかもしれない。

では「ベトナム人」と聞くと何を思い浮かべるだろうか。ともすると「アメリカ人」よりもイメージすることが難しいかもしれない。それは、ニュースや映画等の情報で接するのが、「アメリカ人」より「ベトナム人」のほうが概して少ないためである。それでも近年、ベトナムに旅行する人も増え

表１　日本人学生にとってのアメリカ人のイメージ、ベトナム人のイメージ

〈アメリカ人のイメージ〉

かっこいい　明るくフレンドリー　自由　大きい　開放的　明るい　きれい　豊か　華やか　社交的　合理主義　現実的　力づよい　ビッグなかんじ　楽天的サバサバしている　世界のトップ　白人・黒人　背が高くスマート　目が青い　金髪　太っている　良くも悪くもアグレッシブ　支配したがる　拳銃　権力がある　自信過剰　自己中心的　エゴイスト　遠慮がない　冷徹　こわそう　おおざっぱ

〈ベトナム人のイメージ〉

まじめ　人なつっこい　堅実　努力家　やさしい　のんびり　静かで穏やか　地味　農業　農民　アジア　すばやい　集団的　貧しく汚い　服がボロボロ　細い　土のような　黒い　ジャングル　やせている　悲惨な歴史をもつ　出稼ぎに来ている　田舎もの　みな同じような顔　暴力的　戦争やってそう　物陰に隠れて襲ってくる　迷彩服を着た人が多そう　危険　こわい　なじみがないから何だかわからない　あまり印象がない　どうでもいい

たり、雑誌等でベトナムの雑貨や料理が紹介されたりすることも珍しくなくなったので、そうしたところからの連想もありうるかもしれない。あるいはかつての「ベトナム戦争」に関連するイメージ、それを描いたいくつもの映画から思いつくことがある人もいるだろう。

表1に示したのは、「アメリカ人」「ベトナム人」と聞いてイメージされる言葉を、筆者が担当する大学一年生向けの授業で挙げてもらった結果である。主だったものを選んで掲載しているので、これは厳密な調査ではないが、そこに挙がっている言葉を見て、自分自身が抱くイメージとどこかダブっているところがあるのではなかろうか。まったくどの言葉も思い当たる節がないということは、おそらくないに違いない。あるいは、自分には思いつかない言葉

だけれども、そういう言葉を思い浮かべる人がいることは理解できるということもあるだろう。

現実には、アメリカ人といっても実にさまざまな人がいることを私たちは知っている。白人もいれば黒人もいるし、黄色人種もいる。アメリカ大陸の先住民もいるし、人種だけでなく民族としても多様だ。人種間の混血も進んでおり、人種という概念自体が変わってきているとも言われる。一方ベトナムについてはどうか。ベトナムが五四もの民族がいる多民族国家だということは知らないとしても、ベトナム人一人ひとりには当然さまざまな人がいるということは、ちょっと頭をめぐらせば推測が可能なはずだ。それなのにどうして私たちは、「アメリカ人」「ベトナム人」というと、特定のイメージが思い浮かぶのだろうか？

ここでは「アメリカ人」と「ベトナム人」を取りあげたが、「フランス人」でも「ドイツ人」でも、あるいは「韓国人」でも「中国人」でも同様である。もちろん私たち日本人が「日本人」について考えても、特定のイメージが思い浮かぶ。「勤勉」「まじめ」「ホンネとタテマエを使い分ける」等々。実際にはまわりに実にさまざまな人がいることはわかっているにもかかわらず。

「○○人」と聞いて思い浮かぶ特定のイメージ、それはステレオタイプと呼ばれる。ステレオタイプとは、型にはまった見方、すなわち紋切り型のものの見方のことである。どうやら私たちは、それまで生きてきたなかで接してきた情報から、このステレオタイプをけっこうつくりあげもっているようだ。それも個人でもっているという側面だけでなく、まわりの人たちでそれを緩やかに共有していることもある。それは、同じ御神輿を担いでいるということのひとつの現れでもある。

なぜこのようなステレオタイプを私たちはしばしば抱くのだろうか。それはおそらく、他者理解もしくは対人認知に一役買っているからである。私たちは見知らぬ他者に出会ったときに、その人がどんな人かを把握するのに、何も手がかりがないというのは不安でもある。ところが「○○人はこんな人たち」というステレオタイプがあったならば、その人たちと接するときにスムーズにいくことがあるかもしれない。たとえば「日本人よりもイエス、ノーをはっきりと言う」と思ったならば、曖昧な返事の仕方をしないようにしようとか、相手のはっきりした返事に驚く必要はないということになる。そして実際にそれが、その相手とのやりとりを円滑にすることもある。

しかしメリットばかりではない。ステレオタイプがデメリットして働いてしまうこともある。抱いているステレオタイプがあまり当たっていないとか、接したその相手は少なくともそれにまったく該当しないといった場合である。そしてさらに、そのステレオタイプの内容が否定的な内容を含んでいる場合、それは「偏見」ということになってしまう。誰しも自分が偏見に満ちているとは思っていないものだが、もしかすると私たちは、このような偏見をたくさんもってしまっているのかもしれない。さらには、あまり自覚が伴わない偏見に基づいて行動してしまい、相手から見ると「差別」になってしまう行動すらしてしまうかもしれない。

どうやら私たちは、中立公平に他の人たちを見るということが、とても困難な存在のようだ。「偏見や差別はいけない」と叫んでも、偏見をまったくもっていないとか、差別を少しもしたことがないという人はいないようである。その程度が軽微で当該社会のなかで許容される範囲に収まっているということもあるかもしれない。しかしそれを逸脱して社会問題化するということもある。そのようなあからさまな偏見・差別でなくても、ステレオタイプをおそらくすべての人がもっている以上は、偏見・差別からもまったくフリーになることはたいへん難しい。

自分の内なるステレオタイプに気づくこと自体、実はなかなか困難なことである。あるいは気づいていても、それを容易に捨てられるものではない。もしくは捨てたつもりになっても、その影響はどこかついて回る。たとえば障害をもった人が目の前にいるときに、「偏見の目で見てはいけない」という強い思いが湧き起こり、なんとか「普通」に振る舞おうとすることはないだろうか。「普通」に振る舞おうとすること自体が、すでに普通ではない。それ自体が、障害者に対するある種のステレオタイプに基づいているとも言えるのである。

加えて私たちは、御神輿をいくつも担いでいる自分自身は、その御神輿の担ぎ手たちの渦中にいる存在である。そこにいる「私」は、そこから抜け出して、御神輿とそれを担ぐ人々の様子を外から観察することができるだろうか。答えは「ノー」である。そのようなことができるのは、それは神様の立場からであろうが、私たちはそんな立場になることはできない。

御神輿の担ぎ手の渦中から抜け出せず、しかもステレオタイプをもった私たちに、いくら社会心理学の基礎を学んだとしても、個人と社会の相互作用たる「社会心理」を客観的に見てみるというのは、きわめて困難なことである。となれば私たちは、社会心理学的な探究をどういうスタンスで進めたらよいのだろうか？

まずは、私たち自身が御神輿の担ぎ手であることから逃れられない存在であり、その御神輿の影響を受け続けていることに自覚的になることだ。もちろん社会心理学がしばしばとる研究の方法というものはある。しかしその手順を学ぶだけで「社会心理」の探究ができるというものではないのである。

ここで示してきた「社会心理」の構図と、その探究についての検討は、そもそも私たちが人間のことをわりと単純に捉えられると暗黙のうちに思っている「常識」から外れているのではなかろうか。客観的にものを見るなんてことは、およそ不可能なことであるのに、それができると思ってしまう「常識」、そこからは脱却していきたい。その常識をずらしたところから見える「社会心理」の風景は、どんなものなのだろうか。その渦中にいながら検討していくことは困難な作業であるが、それを少しでも実現させていく試行錯誤に、いましばらくお付きあいを願いたい。

【コラム１：言葉が概念をつくり現実をつくる】

近代化以前の日本には「社会」もなければ「個人」もいなかった――と言われたら、「そんな馬鹿な」と思うだろうか。

しかし実際、そうだった。現代を生きる私たちにとって、「社会」も「個人」も馴染みの深い言葉である。しかしこれらの言葉は、西洋語として新たに入ってきた言葉を先人たちが苦心して翻訳し、徐々に定着したものなのである。

日本語の「社会」は英語の「society」、「個人」は「individual」に相当するということは、英語を少し習った人ならば知っている。それぞれの言語にそれらの言葉がもともとあって、その意味するところがほぼ一致するということでマッチングされたということではない。江戸時代以前には、「世間」はあっても「社会」はなく、「人間」はいても「個人」はいなかった。現在でも私たちは、「世間」と「社会」という言葉をまったく同義だとは捉えていない。「世間体が悪い」とは言っても「社会体が悪い」とは言わない。また、個として独立した人というニュアンスの強い「個人」に対して、「人の間」と書く「人間」には、他の人との繋がりのなかに生きているという意味合いがにじみ出ている。

このように言葉は、それを使う人たちによって概念として共有される。そしてさらにはそのような概念をベースにした現実がつくられていくとすら言えるのである。

たとえば「嫌がらせ」を意味する「ハラスメント（harassment）」は、日本語化され「セクハラ」「アカハラ」「モラハラ」「マタハラ」などという言葉で使われているが、これらの言葉が日本語のなかに定着する以前であれば、主に異性に対して性的な嫌がらせをする「セクハラ」という概念はなかったわけで、それを現実のなかで問題にするということもなかったはずである。異性に対する性的な嫌がらせという行為が、以前にはなかったというのではない。それを言い表す言葉がないということは、それを示す概念もなく、そのような現実を捉えることができなかったということである。

　私たちは、言葉で思考し行動する動物でもある。もちろん言葉以外の表情が、口から発せられる言語以上に非言語情報として意味をもつことはありうる。それどころか、非言語（ノンバーバル）のほうが言語（バーバル）よりも多くを語ってしまう（たとえば真顔で「怒ってないよ」と言われても、怒っていることが伝わってしまうなど）ことすらある。しかしそれでも言葉はやはり、私たちの現実を構成するきわめて重要なツールなのである。

　となると私たちが普段、もし貧困な言葉しかもっていないとすれば、現実も自ずと貧困なものになってしまうということになるのかもしれない。たとえば、何を見ても「かわいい～!」としか表現しないとしたら……。普段自分が使っている言葉が貧困なものになっていないかどうか、一度チェックしてみてはいかがだろうか。

【コラム2：アクションリサーチ】

社会の諸問題は、より複雑化・複合化している。文化や習慣にまで影響を及ぼしつつある気候変動の問題を考えても、自然科学の研究者だけがそれに取り組めばよいということにはならない。地球を構成する自然環境も、私たちがつくりだしている社会環境も、それらが相互に絡みあっている。単一の学問分野ではとても解けない問題として、私たちの前に立ち現れてきている。

たとえば、かつて津波や水害が起こった地で、歴史学の研究者たちが、古文書や記念碑からその地の過去の災害の歴史を調べるということがある。一方、地形学の研究者たちは、地形に残された災害の痕跡から、過去の災害の規模や様相を推測するかもしれない。そして両者の知見に一致が見られれば、遠い過去の災害の様子が、かなりリアルに再現されることだろう。

これが本文で触れた学際的（interdisciplinary）な研究の一例である。これは、異なる研究者間のそれぞれの専門性を活かした協働ということを意味するが、さらにそこに地元自治体や市民団体、住民などとの協働も加われば、それは超学際的（transdisciplinary）な研究と呼ばれるものとなる。そのような姿勢で取り組まれる研究プロジェクトは、社会の諸問題の解決のために広がりを見せてきている。その有効性が知られるようになり、超学際的な取り組みのニーズは、今後さらに拡充していくことだろう。

研究の営みが研究者だけで閉じることなく研究者以外の人たちも加わり、なおかつ現実の社会問題の解決に一緒に関わっていくことを「アクションリサーチ」と呼ぶ。アクションリサーチでは、現地の人々がよりよいと考える方向「ベターメント」の実現が目指される。だが、現地の人々だけでは実現が難しい場合に、専門性をもった研究者の関わりが触媒のように働くことがありうる。

本来、学術研究というのは、必ずしも社会問題の解決を目的とはしない。むしろそれまでの研究の蓄積のなかで知られていなかったことを発見したり、新たな視点からの見方を生み出したり、これまでにない概念をつくりだしたりすることが目指される。研究の学術的意義というのは、そういうところに存在しているとされ、極端に言うと、社会問題の解決にはまったく重点が置かれていない。まったく重点が置かれないこともしばしばである。

そのような「役に立たない」ように見える学術研究の姿勢は、なお維持されるべきだろう。一見何の価値があるのかわからないような基礎研究が、私たちの知識を豊かにしてくれることもあるし、それが将来さらに社会に大きなインパクトをもたらすかもしれないからである。一方で、二〇二〇年に発生した新型コロナウイルスによるパンデミックのように、世界中の人々が協働して取り組むべきグローバルな規模のアクションリサーチもある。私たち一人ひとりに、それぞれの専門性と同時に広い視野と協働する取り組みが求められている。

2 「わかってるつもり」からの脱却

私たちは、自分が生きている社会について、どれだけのことを知っているのだろうか。そしてそれをどのくらい的確に説明ができるのだろうか。多くの情報が日々流れてくるが、正直よくわからないまま受け流していることも多いのかもしれない。そう言われてみると、「わかってるつもり」になっているだけで、案外心許ない感じがしてはこないだろうか。

自分自身についてもそうかもしれない。自分のことは自分が一番良くわかるというのは、必ずしも正しくないようだ。社会をつくりそのなかで生きている私たち、自分もその一人であることはわかっても、その自分という存在が何なのか、よくわからないままでいるのかもしれない。

だからと言って悲観的になることはない。まずそんなことへの気づきからあらためて探究のスタートが切れたらよいのではなかろうか。私たちは、そもそもそういう存在なのだと開き直ってもいいかもしれないけど、その気づきから次の一歩を踏み出す術を知っているかどうかは、大きな違いを生み出していくことだろう。どこまでいっても「わかった」ことになかなかならないとしても、探究の歩みは止めないでいきたい。

《1．簡単にガッテンしてはいけない》

ＮＨＫの長寿番組のひとつに「ためしてガッテン！」がある。生活のなかの身近な問題を取りあげ、こんなときはどうすればよいのかを実験で明らかにし、それを見たゲストに「ガッテン、ガッテン、ガッテン！」と納得してもらうという内容だ。司会・進行を務める立川志の輔の小気味いい進行と、博学の人という役回りで登場する小野文恵アナウンサーの解説、そして三人のゲストが机上の大きなボタンをリズムよく叩くと、「ガッテン、ガッテン、ガッテン！」というコンピュータ音声が流れる。そのよくできた構成に、視聴者の私たちも思わず、「ガッテン、ガッテン、ガッテン」とやりたくなる。

この番組で紹介される事柄には、実際に生活のなかで役に立つことがたくさんある。実に便利でありがたい番組だと言えなくもない。ここから得

た知識で生活が便利になったとか、自分の健康状態が改善されたとか、そんなこともきっとあるのだろう。

しかし、ちょっと待てよと思わないだろうか？　いま見せられた実験結果で、そんなことまで「ガッテン」してよいのだろうか、と。たしかにそんな傾向はあるのかもしれない。しかし、その因果関係は本当に正しいのだろうか？　たまたまそれらしく見える限られた結果を見せられているだけではないのだろうか？　それなのにどうしてゲストは、本質的な突っ込みをすることなく、「ガッテン」できるのだろう？

このような番組のなかで示される実験は、きちんと考えると実験の体をなしていないものが多い。小学校の理科の授業でも習った「実験」、そこで大事なのは、条件統制をすること（本当に見たい要因以外のことをできる限り同じにすること）である。つまり何らかの実験条件を変える（これを「独立変数を操作する」と言う）ときに、他の要因を同じようにしておかねばならない。たとえば日照時間の違いがひまわりの生育に与える影響を実験して調べようとするときに、日照時間を長くする条件と短くする条件を設けるのは当然として、その他の要因、たとえば水やりの程度だとか土のなかの肥料だとかを同じにする必要があることぐらい、小学生でもわかる。しかし、テレビ番組のなかの実験は、もしかするとそのようにしているのかもしれないが、それがきちんと示されないことのほうが多いのではなかろうか。また、被験者ないしは被験体が極端に少なく、たまたま予想どおりの結果だけが示されているのではないかという疑念を抱かざるを得ないことも多い。

かつて「ためしてガッテン！」で、次のような内容が放送された。テーマは「動物園を100倍楽しむ方法」。ある四人家族が動物園に行ってテナガザルと仲良くなろうと試みる。子ども二人がテナガザルの鳴き声を真似るのだが、テナガザルは反応してくれない。それで専門家による「両親が物真似に参加していなかったのがよくなかった」というアドバイスをもらい、さらに家に帰って動物図鑑でテナガザルの生態を調べた。別の日に再び動物園で、今度はお父さんもお母さんも一緒になって四人でテナガザルの鳴き声を真似してみた。すると見事に、テナガザルも鳴き声を返してくれた……。

ところが、家族が鳴き真似をする映像とテナガザルが反応を示す映像は続けて提示されるものの、それが本当に連続的に起きているという保証がない。都合よく編集すれば、いくらでもこのような映像は作り出せてしまう。いまやパソコンやスマホでも映像編集が手軽に行えるようになり、素人でさえこのような映像を作ることができる。いや、仮に「家族が鳴き真似」↓「テナガザルが反応」が時間的に連続して起きたとしよう。しかしそのような因果関係があることを示すには、子ども二人だけが鳴き真似をする条件、家族四人が鳴き真似をする条件などを、他の条件を統制した上で繰り返し試し、どのくらいの割合でテナガザルが反応するのかを比較してみなくてはならない。もちろん番組では、そのようなことまでしたという形跡はなかった。

さらにこの番組内容では、家族が二日にわたって動物園に行ったというストーリーになっているわけだが、本当にそうだったのかということを疑わせる要因の存在が映像から見て取れる。それは、家族四人の着ている服が、異なる二日とされているにもかかわらず、まったく同一なのである。偶然にそのようになる確率は、きわめて低そうだ。むしろ動物園での撮影は一日だけですませ、それを二日にわたって行ったというストーリーに見えるよう映像を編集したのではないだろうか。

この番組を筆者の授業で実際に見た学生たちからは、「自分はガッテンしないが、世間一般の多くの人たちは『ガッテン』してしまうのではないか」といった反応が寄せられる。自分は少なくとも騙されない、ちゃんと判断できるという考えが透けて見えるが、そのような自己を肯定的に捉え示そうとするバイアス、すなわち「自己高揚バイアス」がそこには見え隠れする。しかし、「ガッテン」せずにすんだのは、大学の授業という特殊な状況で注意深く見てみるようにと促されて見たためであり、もし家で何の気なしにこの番組を見たならば、ゲストと同じく「ガッテン、ガッテン、ガッテン！」とやっていたかもしれない。

このような話をすると、「たかが娯楽番組。そんなに目くじらを立てなくたってよいではないですか」という意見を言う人もいる。「動物園を100倍楽しむ方法」では、子どもたちだけではなくて親も一緒になって楽しんだほうが、動物園を存分に楽しむことができるではないか。物真似だってやるなら家族揃ってやってみるほうが楽しい。だからそのことには「ガッテン」するのはあたりまえ……。それはたしかにそのとおり。親が一歩引いた態度で「こっちで待っているから自分で動物見てきなさい」などと言えば、子どもも動物園を十分楽しむことができないかもしれない。

しかし「たかが娯楽番組」と言っていられないのは、それが実験という方法を通して、特定の因果関係を実証したという構成になっているためである。かつて、ある民放の番組で、痩せることに効果がある食品として納豆を紹介したところ、各地のスーパーマーケットで納豆が売り切れるという騒動が起きた（「発掘！あるある大辞典Ⅱ」の二〇〇七年一月の放送）。現代社会において、痩せることへの強い関心があるのは当然としても、この番組で示された内容を疑うこともしなかった多くの人々の存在が浮き彫りになった出来事であった。なお番組の実験データは捏造されたものであることが後に明らかになり、番組は急きょ打ち切られることになった。

私たちは日々、多くの情報に接している。インターネットがこれだけ発達したことによって、またきわめて高性能な情報端末であるスマホが普及したことによって、どこにいても、何をしているときでも、本当に手軽に情報を入手することができる。インターネット上の Facebook や Twitter といったSNS（ソーシャル・ネットワーキング・サービス）からの情報も大量に入ってくる。私たちは多種多様な情報に自由に触れていると思いがちだが、実はＳＮＳ上では自分が「友だち」や「フォロワー」になった人が発した情報に偏って触れることになる。そのことにどこまで自覚的であるだろうか。自分にとって都合の良さそうな情報を、知らず知らずのうちに選択してしまっているのであり、そうではない情報がなかなか入ってこないということになっているかもしれないのである。

私たちは、自分の意見が「多数派」であることによって安心感を得るところがある。まさに人間が社会的動物であるためでもある。まわりに自分とは異なる意見の人がたくさんいるよりは、同じような意見の人がたくさんいるほうが安心できるのは当然である。しかしインターネットの情報、とりわけＳＮＳの情報は、もともと自分にとって共感しやすい情報が選択される傾向があり、自分が「多数派」であることを確信しやすい構造を有しているのである。そのような情報に目を向けやすいということもあるし、システム上、一度検索した事柄の関連情報がその人に向けて提示されやすいようにもなっているためである（これを「パーソナライズ」と呼ぶ）。インターネットの大海を自由に泳いでいるつもりでも結果的には自分の好みの情報が増幅されていくだけであるという指摘もある。そこにもまたバイアスがあることを、私たちは知らなくてはいけない。

インターネット上には、誰もが情報発信をできる。いわゆるプロのジャーナリストや評論家、研究者でなくても、自分自身の考えたことなどをブログなどに載せるのは基本的に自由だ。プロの発信した情報が常に正しいとは限らないが、それ以上に玉石混淆、情報としての信憑性は、さらによく見極めなくてはいけないということになる。そのようなことに無自覚なまま、接した情報にすぐに飛びついて「ガッテン」したのでは、決定的な過ちを犯すことにもなりかねない。

同時に私たちは、「誤った情報」を発信してしまうこともある存在である。そのことについては、次の節で触れることにしよう。

《2. 新聞を読む、社会を読み解く、情報を発信する》

日本にはたくさんの新聞社があり、それぞれほぼ毎日、新聞を発行している。インターネット全盛の時代であり、そこには大量の情報がリアルタイムで流れているものの、紙に印刷された新聞がすぐになくなるような状況ではない。新聞をじっくり広げて毎日読んでいるという若い世代がどのくらいいるのか、やや心許ない気がしてくるのであるが、紙の新聞がそう簡単に廃れそうにないのは、やはりそれがもっている価値、活字になったものでじっくり読むことからしか得られないことがあるからだろう。

全国紙と呼ばれる新聞だけでも数社ある。いわゆる地方紙まで含めれば、膨大な記事が毎日のように各紙を賑わしている。でも、各紙に載せられる記事が、どれも同じようなものだと思ったら間違いである。新聞社によって、同じ事件に対する捉え方が大きく異なるということは、けっして珍しいことではない。とくに政治的な問題の捉え方については、時の政府の見解をどちらかというと肯定的に捉える新聞もあれば、手厳しく批判的に捉える新聞もある。

図3に、二〇一四年七月二日の朝刊紙面（筆者が住んでいる茨城県のコンビニで通常買える各紙）の一面を並べてみた（イメージ）。この前日に、安倍内閣が行った集団的自衛権に関する憲法解釈変更について、各紙がいっせいに報じている。それぞれの新聞社のスタンスが、この見出しを見ただけで、おおよそ推測ができる。もちろんより詳しく知るために、記事の中身を読み、かつ社説を読むことが必要になるが、新聞を読み慣れている人には、どの新聞の見出しも、なるほどそのように来たかと思わせられる見出しが並んでいる。一方、新聞に馴染んでいない人には、これほどまでの違いが現れることが不思議に思えるかもしれない。

となると、ある特定の新聞だけを、それがすべてだと思って読んでいたら、自ずと見方は「偏る」ことになる。どの新聞を読むにしても、それを発行する新聞社がどのような主張を日頃からしているのかということまで知って読むべきであろう。報道は、基本的には公平中立であるべきだということにはなっているが、どの新聞も「偏る」のが常である。問題を一面的にしか論じていない記事があれ

図3　新聞各紙（2014年7月2日）朝刊紙面のイメージ

ば、それはやはり鵜呑みにすべきではない。そのことが気になったら、別の新聞等の情報にも接して、自分なりにそれを捉え直してみることだ。そうしないと判断を誤ることがあるというわけである。

新聞社がもっている偏りだけに注意が必要なのではない。公平中立に示されているように見える記事にも、その読み方には注意が必要な場合がある。たとえば、世論調査についての記事である。世論調査は、新聞各社が独自に行うものもあれば、日本世論調査協会のような機関が行うものもある。いずれにしても、それなりの規模で行う社会調査であるから、一個人が行えるようなものではない。「世論」とは、ある事柄についての特定の人々の意見分布であるから、それを知るのに、少数の人々を相手に意見の聞き取り、ないしはアンケート調査を行ったというだけでは不十分である。

かといって、たとえば日本の有権者全体の政党支持の分布を調べようとしたときに、全有権者を対象に調査をしたのではたいへんにコストがかかる。五年ごとに行われる国勢調査は、日本に住んでいる人すべてを対象に行われる全数調査であるが、世論調査ではそのような全数調査が行われることのほうが少ない。

そこで行われるのは標本抽出であり、標本調査である。つまり、本来対象としたい全体（母集団）のなかから無作為に選ばれた人々（標本）を対象にすれば、その回答傾向から全体の結果を推定することができる。ただし無作為に選ばれているということ（無作為抽出）が重要である。たとえばある大学の学生を母集団とし、標本調査を実施しようと考えたときに、特定の授業を履修している学生を標本としましたというのでは、当然上手くない。そこでたとえば「大学生活の満足度」の分布が示せても、それはあくまでその授業の履修学生満足度であり、その大学の学生全体の満足度については、何も言うことができない。

近年の世論調査では、コンピュータでランダムに発生させた電話番号にかけて行うＲＤＤ（ランダム・デジット・ダイヤリング）という方法が用いられることが多い。いずれにしても、完全な無作為抽出というのは不可能である。なぜなら、電話がかかっても相手が出ない場合もあれば、固定電話であれば世帯主が答えるケースがどうしても多くなったりするためである。それでも近似的に無作為抽出が行われ、それによって調査が実施できれば、「世論」はいちおう把握できるということになる。

新聞に載るような世論調査は、そのような手順を踏んでいると、さしあたり考えてよいだろう。しかしそれでも、世論調査自体が抱えているより本質的なバイアスがある。それは、そこで投げかけられる質問に、調査対象となった人が突然答えを求められて、そこで熟考することも多面的に考えることもなく回答したものが、そのまま量的なデータになって「世論」として示されてしまいかねないという問題である。

自分が日頃から態度を明確に決めている事柄であれば、突然協力を求められた調査でも自信を持って回答することができるだろう。たとえば支持している政党を問われて即答するのは、さほど難しくないかもしれない。支持政党がはっきりしていなければ、「支持政党なし」という回答をすることもできる。

では、選択的夫婦別姓についての賛否を問われたとしたらどうだろうか。結婚した男女のいずれかが姓を変えて夫婦同じ姓にするというのが現在の民法上の既定であるが、選択的夫婦別姓が認められれば、婚姻後も夫婦それぞれがもともとの姓を使い続けるという選択ができる。それに対する賛否も、わりとはっきりした態度を持っている人が多いかもしれない。ただ、もう少し掘り下げて考えてみると、夫婦別姓が選択可能になっても、自分の姓をそのままにしたいと考える女性が、男性側の同意を得られないという問題が生じるかもしれない。別姓を選んだ夫婦に子どもが生まれたときに、その子どもの姓はどうするかという課題が浮かんでくる。また、そのようなことまで考えると、賛否を単純には答えられなくなる可能性があろう。

第4章で触れることになる「脳死は人の死か？」という問題がある。この問いを突然突きつけられたとしたら、自信を持って即答できる人はどのくらいいるだろうか。さらには「脳死の人からの臓器移植を評価しますか？」と続けて問われたら、確信を持って答えられる人の方が少ないかもしれない。そのような場面に実際に立ち会ったことがある人であれば、あまりに単純な問いかけに思えるかもしれず、経験がない人には、なかなか想像が及ばない問題なのかもしれない。しかし問われれば、人は何らかの回答をするだろう。それが「世論」とされていくのは、大変危険なことでもある。

このような問題を克服するために、「討論型世論調査」という手法が考案されている。突然質問が投げかけられるのではなく、その問題について熟慮するための対話を、回答に先だって行うのである。もちろん誘導尋問になってしまってはいけない。多面的に問題を捉える手がかりを十分与えられた上で、自分の回答を決めることができるなら、手間はかかるものの、かなり有望な方法と言えるだろう。

「社会を読み解く」というときに、新聞の字面だけ丹念に追えば可能になるということではない。

そこには、このような物事を一面的に見ず、想像力を十分働かせ多面的に物事を見るというプロセスが不可欠である。次章で述べるように、相手の立場になることはとても難しいことなのだが、想像することは、他者の理解、世界の理解のための重要な力となりうる。

インターネット上のSNSで、自ら情報の発信をすることも容易になった。個人が発信する情報は、きわめてたわいのない、友人だけに向けられたようなものもあるが、社会的な意味合いを帯びるものも少なくない。あるニュースに対する論評を発信する人も数多い。それが気楽にできてしまうが故に、問題を一面的にしか捉えない、想像力も欠如したような発信が増えてはいないだろうか。まずは自分自身がそのようなことをしてしまってはいないか、自らのSNSへの書き込みを振り返ってみるのも、けっして無益なことではないだろう。

《3. マインド・コントロールに抗うために》

マインド・コントロールという言葉を聞いたことがあるだろう。年長の世代には、一九九五年の地下鉄サリン事件が頭に浮かぶかもしれない。東京の地下鉄に猛毒のサリンをまいた実行犯は、オウム真理教という宗教団体のなかでマインド・コントロールされていたと言われる。この事件をきっかけに、日本ではこの言葉が広く知られるようになった。

近年にも、「ママ友」であったという女に家計を含む家庭内の行動を支配され、5歳の息子を餓死させてしまったという母親についての報道があった。どうして我が子が餓えても食事を与えないような行動を強いられてしまったのか大変不思議に思えるが、こうした事件によって、ある個人が誰かの心を支配して抜け出せないようにさせることが可能であるらしいということを知った人も少なくないだろう。

いずれにしても「マインド・コントロール」という言葉からは、自分の本来の意思に反して誰かに「マインド（心）」を「コントロール」されてしまうという、普通では考えづらいことが連想される。そして、そんなことが本当にあるのかとどこかで思い、自分はまさかそんなことにはならないはずと思いたい――そんなふうに考えている人が多いのではなかろうか。「マインド・コントロール」されるような人は、元々何かおかしなところがあったのだろう、と。

誰かが実際にマインド・コントロールされているとしよう。その人は自分自身で「自分はいまマインド・コントロールされている」と気づくことができるだろうか。実際なってみないとわからないというのが正直なところだろうが、気づくことはなかなかできないだろうという推測はできそうだ。そもそも気づけるのであれば、マインド・コントロールされてしまうこともないのではないかとも考えられるからだ。心理学でも、マインド・コントロールされている人はその自覚がないと言われている。むしろその状況に自ら進んで入っていくようにすら見えるのがマインド・コントロールなのである。

では、他の誰かではなく、あなた自身がマインド・コントロールされていると想定してみよう。そんなことはあり得ないと思うだろうが、ここはひとつ思考実験だと思って考えてみてほしい。では、いま自分がマインド・コントロールされているということに、どうやって気づくことができるだろうか。

どうやら自分の力や努力だけでは無理そうだ。しかし、マインド・コントロールされているときに自覚がない以上、すでに何らかのマインド・コントロール下にあるということを否定することはできないということになるのではないか。ならば自分はすでにマインド・コントロールされている可能性はないのだろうかと、ちょっと心配にもなってくる。

極端な教義を掲げている宗教団体とか、あるいはあまりに特異なことを主張する個人との関わりを現在もっていないということが確認できたなら、まずはそれほど大きな心配はしなくてよいだろう。しかしこんなことなら、身近に誰にでも起こっていると言ったほうがよいのかもしれない。名づけて「石鹸マインド・コントロール」である。

自分の家に、幾種類の石鹸類があるかを数えてみよう。泡が出て、家のなかや自分の身体をきれいにするものは、はたしていくつあるだろうか？

お風呂の石鹸、いやボディーシャンプーか。髪の毛を洗うシャンプーもある。洗顔には、また特別に洗顔フォームを用意している人もいるだろう。またお風呂の浴槽を洗う専用の洗剤もあるだろうし、トイレもまたしかりだ。台所には、食器洗い用の洗剤が常に置かれていて、洗濯用の洗剤もまた別途ある。歯磨き用の歯磨き粉も欠かせない。いや、掃除のことを考えたら、まだまだあるぞ……。

石鹸類をもつのは、清潔な住居環境や身体を保つためである。だから当然ではないかと言われるかもしれない。しかし本当に、そこまで多種類の石鹸類をもっている必要があるのだろうか。そんなに細分化された用途それぞれに専用の石鹸類が必要なのだろうか。少なくとも一昔前であれば、そうではなかったはずだ。いや、もっと時を遡れば、ほとんど石鹸類に頼ることなく、人類は生きてきたはずだ。では先祖たちは不衛生な環境のなかで生きてきたということになるのだろうか。

私たちが、これほど多種類の石鹸類を使っているのは、マスコミを通じて流れている広告によるところが大きい。「清潔な住居環境や身体を保つためには、用途別に石鹸類を使い分ける必要がある」という考えを、知らず知らずに受け取ってしまっている結果だと言ったら、あなたはどう考えるだろうか。

身体をきれいにするのに石鹸類は要らないという人たちがいる。湯船にゆっくり一五分ほど浸かれば、それで十分身体の垢はとれるというのだ。石鹸やボディーシャンプーを使ってゴシゴシ身体を洗いすぎると、皮膚の常在菌のバランスが崩れ、むしろ問題を起こすというのである。湯船に浸かるだけの入浴法は、タレントのタモリさんが実践していることで「タモリ式入浴法」と呼ばれているようだ。実際にやってみると、それなりに理があり、肌にはそのほうがいいようにも思えてくる。ついでにシャンプーもやめてお湯だけで丁寧に洗えば、髪もしっとりしてくるようだ。もしかしたら薄毛対策にもそのほうがいいのかもしれない……。

もしそんなことを考え実践に移せる部分があるなら、石鹸類の種類は減らしても大丈夫ということになる。もちろん、どう判断するかはあなた次第。やはり用途別にきちんと使い分けたほうがいいと本当に考えるのであれば、それはそれで一理ある。ただ問題なのは、無自覚に広告のメッセージにのせられて、幾種類もの石鹸を買い込み使うことなのではないか。それが「石鹸マインド・コントロール」なのだから。

石鹸の話が長くなってしまったが、社会的に問題になるようなマインド・コントロールは、いわゆる反社会的な行動を生み出すものを指す。そのようにマインド・コントロールを悪用する集団のことをカルトと呼ぶ。カルトは、閉鎖的な集団で、そこには絶対的なリーダーが存在する。宗教カルトでいえば、そのリーダーは教祖ということになるが、カルトは何も宗教というかたちを取っているとは限らない。宗教カルトの他に政治カルト、教育カルト、商業カルトなるものも存在している。そのような極端な考え方をとる集団に近づかなければよいのだが、人は誰しも精神的に不安定な時期や落ち込む時期があるものだ。社会的動物である私たちは、そういうときに温かい言葉や魅力的に見える言葉で誘われたなら、ふらりとそこに顔を出してみることになってしまうかもしれない。その時点では、相手の正体はまだわからないのが普通である。

マインド・コントロールをする側になったと想像してみよう。相手の警戒心を解くためには、まずどうするだろうか。少なくとも強面を見せることはしないだろうし、むしろ甘い言葉かけをするようにするのではないか。そして相手のことを褒めて持ち上げる。案外それで相手は、警戒心をひとつ解いてくれるかもしれない。それならさらに褒めて褒めて褒めまくるということをすれば、相手をすっかり自分たちの「仲間」にすることができるかもしれない……。

このようなことは実際にカルトでは行われており、「賞賛のシャワー」と呼ばれる。その上で関わりができたなら、「行動コントロール」「感情コントロール」「思想コントロール」が巧みに展開されていく。そしてそれらを可能にするのが「情報コントロール」だ。限られた情報しか使えない状況に置かれたなら、それに基づいた判断しかできなくなっていってもおかしくない。それにすっかりハマってしまうと、いつの間にか、まわりの人を無差別に殺すことすら正当なことのように思えてしまうときが来るのかもしれない。

マインド・コントロールは、このようにあくまで本人が自発的に行っているかのように私たちを支配しようとする。そして挙げ句の果てには、人格的統合性が切り崩されてしまい、まるで別人のようになってしまうこともある。洗脳もまた同じような結果を生むことがあるが、当初は少なくとも強制力を伴う洗脳に比べ、マインド・コントロールはあくまで自発的に行っていると思わせるテクニックであり、より巧妙だと言える。

こうなってしまっては、常識をずらして主体的に考えてみるどころではなくなってしまうことは明らかだ。でも過度に恐れることはない。マインド・コントロールのこのような基本的な原理がわかっていれば、完璧ではないものの、ある程度防ぐことができるからだ。きちんとした知識は、いわばワクチン。それを持つことは予防接種を受けることにあたる。実際に「接種理論」と呼ばれるものがあり、知識を得ておけばある程度予防ができると言われる。詐欺の手口を知っていれば、それに引っかかりにくくなるのと同じである。自分は絶対にひっかからないという過信は禁物だが、マインド・コントロールに抗うために、そのテクニックについてもよく知っておくことにしよう。

【コラム3：アンケート調査の罠《わな》】

世論調査などを含めアンケート調査が用いられる場面は多い。質問項目をいくつか作成し、それに対して回答を求めれば、意見の分布や人々のニーズなどがわりと簡便に把握できる――そんな便利な方法として捉えられているようだ。たしかに適切な質問項目を作成することができて、なおかつそれを回答してほしい人がそれなりに熟慮して誠実に書いてくれたならば、それをまとめた結果は、有益な知見をもたらすものとなるだろう。

大学でも、各授業の最終回あたりに「授業評価アンケート」を実施するところが多くなった。教員が一方的に授業をやり、各受講学生の成績を評価しておしまいというのではなく、学生が教員の授業の進め方などについて評価をして、教員にフィードバックし、授業の改善に役立てようというものである。その意図は十分にわかる。しかし本当にその意図どおりの機能を果たしているのかと考えると、なかなかそうでもないようだ。

学生からすれば、受講している授業すべてでそのようなアンケートに回答せねばならない。もちろんなかには真剣に回答する学生もいるだろうが、半ばうんざりしながら適当に回答しているという声も聞く。インタビュー調査と違って、適当に回答していてもそれは調査する側にはわからない。しかしそんなふうに回答したものも、結果の一部として集計され分析されるのである。

このような授業アンケートだけでなく、アンケート調査にはこのような問題がまずつきまとう。いったん回答されれば、それがいかにいい加減に回答したものであろうと、回答の仕方を外れていない限り無効とはならず、有効回答としてカウントされ、データとして分析されてしまうのである。

アンケートの項目にも、適切さを欠いたものが紛れ込むことがある。たとえば「教員の話し方や声の大きさは適切でしたか?」という質問は、授業アンケートでありうるように見えるかもしれないが、これは二つのことを一度に聞いてしまっている。「話し方」は適切でも「声の大きさ」がやや小さいといった場合は、回答のしようがないことになる（このような質問をダブルバーレルクエスチョンという）。その他にも、聞かれていることが曖昧すぎてよく意味がわからないとか、あまりに直截な質問で聞くこと自体が失礼ということもありうる。

また結果を集計し解釈するときにも、問題が生じがちである。「この授業に満足した人は○%であった」と言うのは、厳密には正しくない。「この授業に満足したと、このアンケートで回答した学生は○%であった」と言うのが正しい。アンケートでそのような回答があったことと、その人が本当にそう考えたり行動したりしているかは別物なのである。

そんなアンケート調査の罠にはまらないようにしたいものである。

【コラム4：地下鉄サリン事件の衝撃】

阪神淡路大震災（一九九五年一月一七日）があった年の三月二〇日朝八時ころ、東京の地下鉄はパニック状態に陥った。丸ノ内線・千代田線・日比谷線の各路線で、同時多発的に化学兵器としても使われる神経ガスのサリンがまかれ、一三人が死亡、六〇〇〇人を越える負傷者を出した。安全であると思われていた東京の地下鉄で起きた前代未聞のこの事件は、社会にきわめて大きな衝撃を与えた。

この事件を引き起こしたのは、オウム真理教という新興宗教の信者たちであった。実行犯とされる複数の人物のなかには、医師免許をもつなどいわゆる高学歴の人もいて、そのことがまた大きなショックを人々にもたらすことになった。人の命を守る立場にあるはずの者が、無差別に人を殺す役割をしてしまうということは、通常では考えづらいからである。信者たちは、いわゆるマインド・コントロール下にあったとされ、人々がカルトによるマインド・コントロールの実態を知るきっかけとなったのである。

無差別殺人を犯したのはマインド・コントロールゆえであるということはそれなりに理解できたとしても、誰しもがそうなる可能性があるということが明らかになったことは、多くの人にとってにわかには信じがたかっただろう。逆にそのように理解せず、やはり一部の「おかしな人たち」が狂信的な状況のなかでとんでもないことをしでかしたと捉えた人も多かったかもしれない。マインド・コントロールがありうることはわかったけれど、それはやはり自分とは関係がないと思いたくなるのは当然である。

しかし実際はそうではない。マインド・コントロールは誰もがかかりうると言われる。となると本当にショッキングなのは、自分自身も地下鉄にサリンをまく存在になりうるということである。自分だけは例外と考えることは、残念ながら正しいとは言えない。

人は主観的にはみな「善人」であると言われる。自分自身のことを考えれば、そう実感できることだろう。その自分がマインド・コントロール下に置かれたとしても、やはり「善人」であることには変わりがないのではないか。だとすれば、地下鉄にサリンをまいた実行犯たちも、「善人」である自分自身が正しいと思うところに従って行動を起こしたとも推測されるのである。

もちろんそれは社会的にはまったく許容されない犯罪行為である。「テロリスト」と呼ばれる人たちがどのように生まれてくるのかは必ずしも明らかになってはいないが、やはりそこにマインド・コントロールと同様のコントロールが働いているのかもしれない。そして自らの命をかけてでも無謀な計画を実行してしまう。そのような存在に私たちもなりうると考えたほうがよいのだろう。

それゆえなおさら、そのような状況に取り込まれないようにすること、さらにはそのような状況をつくらないことが重要なのである。

3 心を知るために外の世界に目を向ける

筆者自身、一九八〇年代に大学に入学してから心理学と出会い、その面白さに魅了されながら、徐々にそれへの違和感を覚えるようになっていった。心理学の研究対象はもちろん「心」だが、簡潔に言えば「心」を単独で捉えようとしているように感じられたのである。

あるとき、先輩が行う知覚心理学の被験者を務めたときにつくづく感じたのは、その日自分がどんな気分でどんな体調なのかということは基本的に一切問題にされないということであった。ウキウキした気分でいようが、気持ちがすっかり落ち込んでいようが、その心理学実験は淡々と進んでいくのであった。

実験そのものが面白くなかったわけではないが、それはもはや筆者がやりたい研究ではなくなっていた。むしろ具体的な社会のなかで人々がさまざまなやりとりをしたり体験したりしているその生の現場のことを知りたいと思った。「心」もまた、そのようななかにあるものだと気づいたのである。

内へ内へと向かう心理学では駄目だと思った。むしろ内のことを知るために、外へ向かわねばと。そこで知ったのがフィールドワークという方法だ。ここでは、そんな志向性に基づいて語ってみることにする。

《1．相手の立場になることの難しさ》

日本で生まれ育った人にとって、グリム童話の『赤ずきんちゃん』は馴染みのある物語だろう。主人公の赤ずきんちゃんが森を通ってお婆さんに会いにいこうとするが、それを知ったオオカミが先回りをし、お婆さんを食べてしまい、お婆さんになりすまして待ち受けた赤ずきんちゃんも食べてしまう。しかしそれを知った狩人が眠っているオオカミから二人を助け出し、オオカミをやっつけてしまう、そんな物語である。この話を聞いて子ども心にちょっと怖いと思いながらも、最後は赤ずきんちゃんが助けられてホッとしたことを覚えている人もいることだろう。

私たちは童話や昔話といった物語に接したときに、その主人公に自分を重ねあわせてみるものである。『赤ずきんちゃん』の物語を読むときには、その主人公赤ずきんちゃんの立場でこの物語に臨むことになる。お婆さんと赤ずきんちゃんを襲うオオカミは、当然ここでは悪者ということになる。悪者なのだから、最後はやられて当然というわけだ。

しかしオオカミだって生きていかなくてはならない。肉食獣としては、他の動物を殺して食べるしかない。オオカミの立場でこの物語を読んでみると、生きていくために必要なことをしただけかもしれない。オオカミにすれば、何とも理不尽ということになりはしないだろうか。ちなみに『七匹の子

赤ずきんちゃんの物語を狼の立場から読むと……

山羊』の物語でも、オオカミは腹を割かれた上に石まで詰められて井戸に落とされてしまう。子山羊たちのほんわかした物語が、立場を変え見方を変えれば残酷物語に変貌してしまうのである。

子ども向けの物語なのだし、そんなふうに読んだのでは夢がなくなるという声もあるかもしれない。なんとひねくれた読み方なのかと思う人もいるかもしれない。しかし筆者はかつて大学院生のころパートタイムで働いていた保育園で、オオカミ役をいやがる男の子に対して「じゃあいいオオカミになっちゃおうか？」と話しかけたところ、赤ずきんちゃん役の女の子が「オオカミは悪いに決まってるでしょ！」と叫んだのを聞いて、何とも言えない違和感を覚えたのであった。

「相手の立場になって物事を考えなさい」と、子どものころ私たちはしばしば教えられてきた。誰かが誰かをいじめたとき、あるいは誰かと誰かがケンカしたとき、そんな言葉が大人たちから飛んできたのではないか。しかし『赤ずきんちゃん』や『七匹の子山羊』を読んでも、「オオカミの立場にもなってみなさい」とは言われなかった。それははたして正当なことなのだろうか。『三びきのコブタのほんとうの話』（一九九一年、岩波新書）という絵本は、オオカミの立場から語られた「三びきのコブタ」の物語である。また『空からのぞいた桃太郎』（二〇一七年、岩崎書店）には、鬼ヶ島で桃太郎たちに殺された鬼たちの惨状が鳥瞰的に描かれている。二〇一三年度新聞広告クリエーティブコンテストで最優秀賞をを獲得したのは、「ボクのおとうさんは、桃太郎というやつに殺されました」というキャッチコピーであった。これらにも触れてこの「立場」という問題を考えてみるとよい。

これは物語の世界だけに留まらない。昨今社会問題化していることのひとつであるヘイトスピーチにも同様のことが言えるのではないだろうか。ヘイトスピーチとは、たとえば在日の外国籍の人たちに対して、何とも差別的な言葉を発する行為である。もちろん多くの人がそれに反対をしたり、異議を唱えたりしているが、国連から善処せよという勧告があっても日本政府の取り組みはたいへん鈍い。日本では、案外多くの人がヘイトスピーチの内容に実は共感しているのではないかとすら思えてくる。そのような風景のなかに「オオカミは悪いに決まっているでしょ！」という無邪気な言葉が、浮き上がって見えてくるのである。

戦後七〇年がたっても、なお日韓や日中には歴史認識問題がある。先の大戦で日本軍の成したことに対して、歴史にきちんと向きあわず十分な謝罪もしてこなかったという声がある一方で、日本はすでに公式に何度も謝罪し賠償もしてきた、いつまで謝り続けなくてはいけないのかという声もある。二〇一五年末、日本政府と韓国政府は「元従軍慰安婦」の人たちの支援のための財団を設置し日本が約一〇億円を拠出することなどで合意した。しかし、強制連行され性奴隷にされたと訴える元慰安婦の人たちの訴えに、私たちはどこまで真摯に耳を傾けてきただろうか。彼女らの思い出したくもないであろう記憶を絞り出した声を「記録がない」「信憑性がない」と切り捨てようという動きも根強くある。たしかに証言だけから事実を特定することはたいへん困難であるが、相手の立場になってみるどころか、自分の立場から一歩も出ようとしない態度をとり続けてきたということはないだろうか。

「相手の立場になる」ということは、社会的動物である私たちが社会的背景の異なるなかで生きている人々と共に生きていくという上で避けて通ることはできない。しかし、実はそこに、案外難しい心理学的問題があることを指摘しておかねばならない。

ピアジェという学者は「自己中心性」という概念を使って、子どもが相手の立場で物事が判断できないことを説明した。子どもは、自分が見たり感じたりしているのと同じように、他の人も見たり感じたりしているというのである。もちろん成長していくにつれて、人はそんな状態から脱していく。そしていちおうは「相手の立場になって」物事を考えることができるようになっていくのである。

ピアジェの言うこの自己中心性を「一次的自己中心性」だと指摘する研究者がいる。「相手には自分とは異なる立場がある」ということを理解できないのが一次的自己中心性であり、さらにその先があるという。「相手は自分とは立場が違うだけでなく、モノの見方や感じ方も違う人物である」ということを理解できないのが「二次的自己中心性」だというのである。

その考えに従ってみると、私たちが成長して脱してきたのは、たしかにこの一次的自己中心性であることに気づく。「相手には自分とは異なる立場がある」ということを私たちは理解している。しかしそこでは、相手の立場に自分を置き換えてみるというかたちでしか理解していないことが多いのではないか。「自分だったらこう考えるのに……」「自分だったらそんなことはしないのに……」というように。

そうであれば、私たちは二次的自己中心性を脱していないということになる。私たちどころか、過去の偉人の言葉にもそんな痕跡が見られる。論語の「己の欲せざるところ、人に施すことなかれ」や、聖書の「自分がしてもらいたいように、人になすべし」というのも、実は二次的自己中心性の範囲に留まった考え方が根底にあるようにも思えてくる。自分がしてほしくないこと、自分がしてほしいことは、本当は相手も同じだとは限らないからである。少なくとも字義どおりには、それを超えた表現になっていない。

一次的自己中心性すら脱していないように見えるヘイトスピーチの参加者たちの態度は論外だとしても、私たちの多くは二次的自己中心性の虜のままなのかもしれない。そこを脱していくのはたいへん難しいことであるが、同じ御神輿を担いでいても私たち個人が一人ひとり違うように、そこへの気づきは必ず必要なのではないか。もしそのような気づきを拡充していけたなら、他者の理解、さらには異文化の理解への姿勢は自ずと変わってくるのではないか。さらには、単純に誰かを「犯罪者＝変な人」などと決めつけたり、「テロリスト＝悪人」と単純に考えたりすることもなくなるかもしれない。

もちろん犯罪やテロを肯定するのではない。しかしそれらを行ってしまう人たちへも想像力を広げていくこと、さらには自分自身もそのような存在になってしまうかもしれないという可能性を知っておくことは、社会的動物として生きる私たちに、とても大切なことなのである。そのことを理解しないと、問題の社会的・構造的要因もわからず、さらなる犯罪やテロリズムも防げず、根本的解決へ向っていくことがたいへん難しくなるであろう。

《2．ジェンダーの窓から見えること》

私たちはみな、オスもしくはメスとして生まれてくる。もちろん自分でいずれかを選んだわけではない。生まれたときにすでに、いや現実にはもっと早く、受精卵になった段階で、オスかメスかは遺伝子的に決まっている。生まれてくる子どもが自分の性別を選べるわけではないのと同様に、親も生まれてくる子どもの性別を選べない。人為的にそれを選びたいという願望を抱いたとしても、オスが極端に多かったり、逆にメスが極端に多かったりしても上手くない。ほぼ同じ確率でオス・メスが生まれてくるということは、生物としての適応上、必要なことである。

このような生物学的な性のことを「セックス」と呼ぶ。しかし人間の性は、これだけでは決まらない。社会・文化的につくられていく性、すなわち「ジェンダー」と呼ばれるものがあり、それはセックスとは区別される。セックスとしての性を「男性・女性」と表現するならば、ジェンダーとしての性は「男性性・女性性」と書き表すことができる。いわゆる「男らしさ」や「女らしさ」というものが、それに該当するし、さらにそれは、当該の社会のなかで望ましいとされる男性役割・女性役割にも繋がっている。当然、社会が変化すればそれは変わるし、古今東西どの時代にあっても不変であるというわけではない。

男性として生まれながら男性性を身につけていくことに、あるいは女性として生まれながら女性性を身につけていくことに違和感を覚えるという人も現実にいる。また、恋愛の対象とする相手が異性ではなく同性という人もいる。そのような人のセックスとジェンダーをめぐる問題はまことに複雑である。そこには、セックスとジェンダーが一致していることに何ら違和感を抱かない人にとっては、なかなか理解しづらいことがらがある。昨今しばしば目にし耳にするようになったLGBT（性的マイノリティ）が注目されている。当事者にとっては、それがあたりまえでありながら、社会に向けてはなおカミングアウトしづらいという問題がある。

ところで、このような意見を耳にしたことはないだろうか。「女性には子育てをするという本能が備わっている。子どもへの影響を考えれば、育児は女性中心に行うのが好ましい」といった意見である。

あなたは賛成だろうか、それとも反対だろうか。「女性には子育てをする本能が備わっている」という意見は、そもそも正しいのだろうか？

この意見は「母性神話」と呼ばれる。そもそも「母性」とは、子どもを身ごもり出産するという女性としての特性も指すが、同時に、子どもに対するいたわりの行動を生み出す慈悲の心も指す。ちなみに「父性」は、権威や力強さの象徴であり、子どもと積極的にふれあう人間的な優しさなどを指す概念である。しかし女性には母性が、男性には父性が備わっていると単純に言うことができないのが人間である。「子どもに対するいたわりの行動を生み出す慈悲の心」は女性に特有であるとするのは、心理学的には根拠がない。したがって母性神話は、あくまで「神話」であって、正しいとは言えない。

この母性神話と一緒に語られることがあるのが「三歳児神話」である。これは「子どもは、三歳までは家庭で母親が育てないと、その後の子どもの成長に悪い影響を及ぼす」というものなのだが、これも根拠のはっきりしない説である。しかし、母性神話や三歳児神話によって、やっぱり子育ては主に母親の役割とされ、女性たちを縛る結果になっているのかもしれない。赤ん坊を産むこと、そして赤ん坊に母乳を与えることは、女性にしかできない生物学的な制約であるが、男性が子育てに向かないという根拠はない。

現代は男女平等の時代である。にもかかわらず母性神話は、なお根強くこの社会に残っているように思われる。ではその母性神話は、どのようにしてできたのであろうか。

明治時代以後の富国強兵策のなかで、女性は国を支える子を産み育てる役割を担わされるようになった。「軍国の母」とされ、良妻賢母こそが女性としてのあるべき姿となったのである。当時は、現在のように自由恋愛の時代ではなく、結婚に関しても親の発言力が強く、夫婦愛がやや希薄だった分、母親の情動的なエネルギーが必然的に子どもに向けられていたという指摘もある。これらが、戦後の固定化された性役割の基礎となっていった。

そして戦後の高度経済成長期においては、「男性は仕事、女性は家事」という構図は、経済成長の推進のためにはまことに都合のよいあり方であった。経済成長を果たすには、「働きバチ」として献身的に働く労働力が必要であり、主に男性がその役割を担うことになった。一方女性たちは、そのような男性たちが朝から晩まで外で働いても家庭を保つことができる「内助」としての役割が社会的に望まれるようになった。そのため多くの女性たちが、結婚や出産を機に仕事を辞め、いわゆる専業主婦となっていったのである。

もちろんそれからさらに時代は変わり、男性の育児参加が求められ、男性も育児休暇を取得することが、少なくとも一部では推奨されている。もっとも「男性の育児参加」と呼ぶところに、なお育児の中心は女性であるという実態が垣間見える。なぜなら、「女性の育児参加」とはけっして呼ばないからである。

同様に、「女性の社会進出」とは言っても、「男性の社会進出」とはけっして言わない。男女平等をタテマエとしては正しいとしつつ、本音ではそれでは社会が回らないなどと考えたりする人も少なくないのではなかろうか。「男性は仕事、女性は家事」というホンネが、根強く私たちの社会には存在しているように思われる。

また日本では結婚をした場合、民法上の規定から、夫婦は同一の姓を名乗ることになる。世界的に見てもこのようなかたちはむしろ珍しいことなのだが、日本ではそれが当然と考える人が多い。そこで、多くの女性が結婚すると姓が変わるということになるのが、周知の事実である。民法上の規定では、男性が姓を変えても構わないのだが、いわゆる婿養子に入るということでもなければ、そのようなケースはなかなか生まれない。そこで、夫婦が望めば別の姓を名乗れるようにしようという選択的夫婦別姓というアイディアが浮上するわけだが、「家族としての一体感が失われる」といった理由で、なお積極的にそれを導入する法改正をという方向に進んでいないのが現実である。

結婚したら相手の姓が自分の姓に変わり、自分が仕事に出ると家でご飯をつくって待っていてくれる――そんな考えを抱く男性がいたとしたら、すでに時代遅れと言うべきなのではなかろうか。ジェンダーによって生きづらさを感じる人がいるという時代は、すでに過去のものとなってしかるべきなのでは。ジェンダーなどに関する偏見を抱いていても、それを本人は自覚していないことがある。それはアンコンシャス・バイアス（無意識のバイアス）と呼ばれる。自分のなかのジェンダーの問題にも向きあい、そこに潜んでいるかもしれない問題に気づけるようでありたい。

《3．他者と出会い自分を知る》

この章では、相手の立場になって考えることの難しさ、そしてジェンダーの問題に知らず知らずのうちに絡みとられてしまう危険性について触れてきた。誰もがその例外ではない。どうやら自分というのは、思った以上に厄介な存在のようである。そんな自分のことをもう一歩進んできちんと把握してみたい、理解したいという場合に、私たちはどうすればよいのだろうか。

自分には自分の心がある。そのこと自体を疑う人はほとんどいるまい。自分に心があるというのは、まさに実感だからである。そしてその心は、あくまで自分のものであって、他の誰のものでもないと思う。自分だけが知っている秘密のひとつやふたつ、誰しも心に抱いているものだ。そしてその自分の心で、嬉しく思ったり、怒りを覚えたり、哀しみに陥ったり、楽しさを感じたりする。自分の心を誰かにコントロールされる（マインド・コントロール！）ことなく、できれば自分の意のままにポジティブな状態にしておきたいと願うのは、ごく自然なことだ。自分の心が辛い思いをするよりは、幸せな思いをたくさんしたいと希望するのも、当然のことである。

しかしこの自分の心、どうにもわからないこともある。最大の疑問は、おそらく「自分の心であるのに、どうして自分の意のままにならないのだろう」ということではなかろうか。たとえば、今夜のこのパーティを楽しみたいと思うのに、ちっとも楽しめない自分がいたりする。振り向いてくれなくなったあの人への思いを断ち切りたいのに、いつまでも未練を抱いていたりする。堂々と試験に臨もうとしたのに、一気にあがってしまって、かえってガチガチになってしまうこともある。すぐにでもこのやっかいな仕事に取りかからなくてはいけないのに、別のことを始めてしまったりする。どうして自分の心なのに、こんなに自分の意に反したことになってしまうのだろう……。

そんな自分の心をもう少しきちんと知りたいと思ったときに、私たちはどうすればいいのだろうか。自分の心をとことん見つめる？　瞑想にふけってみる？　性格検査を受けてみる？　心理カウンセラーのカウンセリングに頼ってみる？　それらもたしかに一助にはなるかもしれないが、それですべて自分の心が解明されるということにはなりそうにない。心理学を学べばどうだろうか。でも心理学は読心術とは違うと言うし、それで自分の心がとてもよくわかるようになったという話は、あまり聞いたことがない……。

心は内なるものだから、自分の心を知りたければ、自分の目を内側へと向けてみようということになるのかもしれない。しかしそんな自分の心がわからなくなったときに、心だけを見つめようとしても、なかなか上手くいくものではない。比較してみる直接の手立てがないからだ。ならば逆に、自分の目を外側に向けてみてはどうか。あえて逆のことをしてみてはどうかと、ここでは提案したい。

自分の外側には他者がいる。身近には、自分に近しい人、たとえば両親や兄弟姉妹などがいるだろう。学校や職場には、仲のいい友人や気のあう同僚がいるかもしれない。そうした人たちとの日常的なコミュニケーションは大事だ。でもここで、もっと自分からは遠くにいる人たち、自分とは異なる社会背景のなか生まれ育ってきた人たちに目を向けてみよう。一番わかりやすいのは外国の人たちだ。そんな人たちに出会うために、思い切って日本を飛び出してみるというのも、ひとつの選択肢だろう。

筆者自身は、社会心理学の研究者でありながら「ベトナム」を自分の研究フィールドとしてきた。最初にベトナムに行ったときは、研究というつもりはまったくなく、単なる一旅行者、それも荷物ひとつ背負ったバックパッカーだった。そのベトナムにその後数十回訪れ、毎回さまざまな出会いがあり、現在に至っている。そのなかで、とくに印象的な出会いのエピソードをひとつ紹介したい。

二〇〇〇年代初頭のころである。ベトナムの中部にある古都フエの郊外で、私は自分でバイクを走らせていた。まわりは田畑が広がる農村地帯である。そこで道ばたを歩いていた小学生の女の子二人が、私を見つけて「オーイ！」と手を振った。何だろうと思ってバイクを止めると、その子たちは嬉しそうに駆け寄ってきて、筆者のバイクの後に乗ったのだった。バイクに乗せていってくれというわけである。「どこへ行きたいの？」と聞くと、「学校！」という。「学校どこ？」「あっちあっち！」と、なんともまあ無邪気なものである。そこで筆者は、まあいいかと思い、内心笑いがこみ上げてくるのをちょっと堪えながら、ゆっくりバイクを走らせた。程なくして学校の正門に到着すると、彼女たちはポンと飛び降り、そのままサッと学校のなかへと駆けだした。「オーイ、ちょっと待てよ！」と声をかけ、二人の女の子の写真を撮った（図４）。清楚な白いシャツに赤いリボン、ニコッと笑う小さな姿が可愛らしい。そのあと彼女たちは、そのまま学校のなかに消えていってしまった……。

図４　ベトナムで出会った女の子

こんなことがあってから、筆者ははたと考えたのである。知らないおじさんのバイクに乗せてもらって学校に行くなんてことは、日本ではおよそ考えられないが、ここではそれが大丈夫なのだと。女の子たちはそのときが初めてではなかっただろう。毎度そんなふうにして、暑い日差しが照りつける通学路を通っているのかもしれない。その女の子たちだけでなく、他の子どもたちも同じようにやっているのではなかろうか。そうだ、この農村では、そんなふうにバイクに乗せてもらっても大丈夫なのだ。人に対する信頼感、社会における安心・安全のあり方がまるで違うのだと。

これは単にひとつのエピソードに過ぎないが、社会心理学者として「ベトナム」をフィールドに研究をしているということには、そのような考察ができることに意味があると考えている。つまりそれは「ベトナム」の研究でもあるのだが、むしろ「ベトナムを通して」研究しているということなのである。ベトナムを通したその先には、自分が生きている日本社会がある。ベトナム社会は、政治体制からして日本とは大きく異なる。文化的な共通点、たとえば儒教文化とかお箸文化とか、あるいは漢字文化（現在のベトナム語で漢字は使わないが、その背後には漢字があり、約七割のベトナム語の単語は漢字でも書ける）はあるものの、その社会のなかで生きているベトナム人たち（「ベトナム」という御神輿の担ぎ手たち）は、やはり日本人たちと異なるところが多々ある。そうした人々と出会い関わることで、日本社会のこと、日本人たちのこと、そして自分自身のことが見えてくるのである。

そんなことをしても、「自分の心であるのに、どうして自分の意のままにならないのだろう」という疑問は解けないではないかと言われるかもしれない。直接的には、それはそのとおりである。しかし、自分の心だけを見つめて心を理解しようとするのではなく、他者を通して違いを発見し、自分がどんな人間なのかを見つめ直すことはできる。少し小難しい言い方をすれば、自分の心を相対化して見ることができる。人の振り見て我が振り直せではないが、他者を見つめると、むしろ見えてくるのは自分の姿なのである。

ならば、ベトナムのような遠い場所に行かねばならないかというと、そういうことでもない。国内にも実にさまざまな人がいるし、自分の知らない人のほうがはるかに多い。同じ日本に生きていても、自分とはまったく違う世界に生きている人たちもたくさんいるだろう。あるいはこんなふうに考えてもいい。自分の両親が、いまの自分の年齢のときには、どこで何をしていたのだろうか。どんなことに興味をもち、どんな将来の夢を抱いていたのだろうか。お父さんお母さんはいつも自分に「勉強しろ」と言っているけど、自分たちはどうだったんだろう。そんなことに関心をもって両親にインタビューができたなら、そこにいるのは、いつものお父さんお母さんではなく、自分の知らなかった若き日の両親である。そんな「他者」との出会い方もある。

心理学は、どちらかというと内向指向である。「心」に関心があるのだから、当然とも言える。しかし社会心理学（とくに「社会心理」学）は、必ずしもそうではない。むしろ外に目を向け外へ出て、文化人類学者や社会学者のようにフィールドワークをすることを推奨してきた。それは外の世界を知ると同時に、自分の心を知るための有効な方法でもあるのである。

【コラム5：パートナーとの役割分担は？】

やはり基本は、男が稼ぎ、女の人が家事という形が一番理想的ではないだろうか。よほど特殊な仕事でない限り、男のほうが高い給料をもらえるわけなので効率がいい。

自分は、自分が働いて妻が家事をしてもらいたい。相手の意見ももちろん尊重するが、できれば仕事から帰ったら妻におかえりなさいと言われたい。妻を独占したいという願望があるのだと思うが、正直、働きに出てもらいたくない。

結婚することによって多くの人は、仕事・家事・育児をどうパートナーと分担するかということに直面する。もちろん現在は多様な家族形態があるし、カップルだって男女のカップルだけとは限らないわけだが、お金を外で稼いでくるという意味での「仕事」、家のなかの料理・洗濯・掃除などの「家事」、それに子どもができた場合の「育児」を、父親・母親となったパートナー同士がどう行うかというのは、この社会でなお大きな問題であり続けている。

冒頭に挙げたのは、ある男子学生たちが実際に書いた意見である。男である自分が外で稼いでくるので、女である妻には家を守ってほしいという本音が透けて見える。このような意見はもはや男性のなかで多数派ではないかもしれない。むしろ昨今の経済状況からして、男女共働きでなくてはとても経済的にやっていけないという現状があるならば、こんなふうにも言ってはいられまい。

男女平等が叫ばれて久しいが、現在でもまったく男女が対等であるかと言われれば、そうではない現状がある。世界経済フォーラムが発表したジェンダーギャップ指数二〇二一で日本は一五六ヵ国中一二〇位であった。たとえば政治家も大学教授も圧倒的に男性が多い。そういう職に就いている女性たちは、社会のなかでの仕事に加えて、家のなかでは「家事」「育児」を相当担っているケースも少なくないようだ。つまり「男並み」にどころか、「男以上」に役割を担うことになったりするのである。

オスとメスという生物学的な意味での制約は自ずとある。男性はどうやっても子どもは産めないし、授乳することもできない（言うまでもなくミルクをつくって赤ん坊に与えることは男性でもできるが）。だとすれば、それ以外の部分でむしろ男性が女性以上に役割を担わなくてはいけないということになるのかもしれない。

もちろん女性たちの意見も多様である。しかしこんな意見に、男性たちは真摯に耳を傾けないといけないのではなかろうか。

私は結婚したら、家事は女がやるものというのは嫌だ。家事は分担して、女性の負担を軽くするべきだと思う。男女平等を考えるなら、こういう家庭内から始めるのが大切かもしれない。

【コラム6：多言語話者になろう】

外の世界に目を向け、その世界で生きる人々と交わろうとするならば、自ずとその人々が話している言葉を理解し、多少ぎこちなくても自らもその言葉を話せるようになっていくことが必要となる。そこで求められるのが、「多言語話者」になるということである。

ここで言う「多言語話者」というのは、日本語を話し、英語を話し、○○語を話し……といったことを必ずしも意味しない。日本語の中でも方言というものがあるし、またその時代の若者しか使わない若者言葉というものもある。それらを状況に応じて話しわけられるのではれば、それもまた「多言語話者」と言える。

となると、自分が普段話している言葉がどのような言語なのかを、あらためてふりかえり自覚しておくことが必要だ。それがあなたの「母語」なのである。友達同士、あるいは仲間内であれば十分通じる言葉であっても、その外の人々には、なかなか理解されない言葉を使っているかもしれない。同じ日本語だとしても、そこには異なる言語が存在しうるということである。

職業によっては、かなり特殊な言葉の使い方をしたりもするだろう。特定の職人が使う言葉もあるかもしれないし、たとえば漁師が使う独特の言葉もあると聞く。もしそのような場に関わろうとするならば、やはりその言葉を、子どもが言語を習得していくように、あるいは外国語を学ぶのと同じようなプロセスを経て、私たちは習得しようと努めなくてはならなくなることがある。

外の世界が外国であれば、言語習得のハードルはかなり高くなる。「英語が話せれば何とかなる」と考える人もいるかもしれないが、「国際語は英語」という「常識」は必ずしも通用しない。英語は国連の公用語のひとつになっているが、それらは基本的に第二次世界大戦の戦勝国の言語である。学びやすいから、比較的簡単だから英語が国際的に使われているわけではなく、むしろ政治的な力関係でそのようになっているのである。

筆者が一九九八年に文部省（当時）の在外研究員としてベトナム・ハノイに滞在することになったときは、ベトナム語をいかに使えるようになるかということが課題であった。ベトナム語は六声ある声調を正確に言い分けなければならず、また母音も子音も数が多い。しかしそれを学ぶことはとても面白かったし、片言でも使えるようになっていくと、研究フィールドにしたハノイの路地の人々との関係がぐっと深まっていった。

「はじめに」でも触れたが、世界にはエスペラント語という人工言語もある。一八八七年にポーランド人眼科医のザメンホフが創案した言語であり、現在も毎年世界エスペラント大会が開かれている。そんな人工言語に文化はなく普及もしていないと即断する前に、誰の母語でもない言語を橋渡し言語として使う発想にも、ぜひ触れてみてほしい。

4 私たち人間はどんな存在か

自分は今ここで生きている。そのこと自体は揺るぎないことのように思えるかもしれない。しかし、自分が今ここで生きているのかという説明は、案外難しいのではなかろうか。自分が今ここに生きているのは、自分の母親と父親がいて、さらにその先には祖父母がいて、さらに曾祖父母がいて……という膨大な人数の先祖たちがいるからだが、そのうちのだれか一人だけでも欠けていたら、自分はいま存在していないのである。

私たちは、親と出会い、兄弟姉妹と出会い、友人と出会い、そこでせめぎあう関係をつくりながら生きている。それは「縁」と呼びかえてもよい。血縁、地縁、社縁、それらがいずれも失われていった社会は「無縁社会」と呼ばれる。いわゆる「孤独死」ほど、私たちにとって辛い状況はないのかもしれない。

私たちは誰しも、いつかは命が尽きてこの世を去るときがくる。不老不死が実現しない以上、たとえばその人の作品などが死後も長く語り継がれるといったことはあれど、個人として永遠に生きることはできない。しかし私たちは亡くなった人とも、ときにコミュニケーションを取ろうとする存在でもある。ここでは自然科学だけでは捉えきれない人間の存在について考えてみる。

《１．状況に埋め込まれて生きる私たち》

Ａ型は神経質で几帳面、Ｂ型はちょっと変わり者、Ｏ型はおおざっぱで大らか、ＡＢ型は才能あるけれど二重人格……。このように、血液型で性格がある程度わかるという話を耳にしたことがないという人は、おそらくいないだろう。自己紹介のネタとして、あるいは誰かの噂話をするときに、また気になるあの人との相性を知るために、血液型性格判断説は手軽に使える豆知識として働いているところがあるようだ。

しかし、この血液型性格判断説が生まれたのは日本であり、日本以外には韓国と中国の一部ぐらいにしか広まっていないことを知っている人は、案外少ないのかもしれない。たとえばアメリカに行って血液型の話をすれば、それはきっと輸血や病気の話かと思われるだろう。まさかそれが人の性格に結びついているなどとは思われない。

かたや日本でこの考えを、全面否定することなく抱いている人は、かつてほどではないが、なお現在でも相当いると推測される。人気雑誌で血液型特集がなお組まれることがあるのは周知の事実であり、それはすなわち、それを好んで読む読者がいることを示している。

現在の血液型性格判断説の直接の始まりは、作家の能見正比古が一九七一年に出版した『血液型でわかる相性』（青春出版社）である。戦前の一九二七年に古川竹二という学者が『心理学研究』という学術雑誌に載せた「血液型による氣質の研究」という論文を受けて、現代風にアレンジして発表したものだと言われる。その後能見はいくつもの関連の本を出し、雑誌などにも取りあげられるようになっていく。一九八一年に能見が死去したあとは、堰を切ったように関連の本や雑誌記事が増え、血液型性格判断説は一気に日本社会に普及した。

AとBという要素の組み合わせで四つの型が決まること。それが比較的単純ながら面白い「物語」を生み出すこと。基本的に四つしかないので覚えやすいこと。そして何より、それが実際に当てはまっていると思えてくることなどが、この説が広まった要因である。ならばアメリカ社会でも広まりそうなものだが、そうならないのは、人種や民族の違いの大きさのほうがはるかに大きく見えるからであろう。翻って日本社会は、けっして単一民族ではないものの、一見均質に見えるところがあり、このわかりやすくもっともらしく、しかも面白いこの「物語」が受け入れられる土壌があると言える。

しかし、この血液型性格判断説を支持するまっとうな学者はおそらくいない。政治家に多い血液型、

野球選手に多い血液型……などとさまざまな統計データを挙げているものはあるが、それはきちんと検討するに値するデータになっていない。なにより、私たちのまわりには、実にさまざまな人がいるではないか。自分を含めそれらの人たちを四つの型に当てはめて考えるほうが、よほど無理があるのである。

別にさしたる根拠がなくても単なる話題のネタなのだからいいではないかという意見もあるだろう。しかし、問題なしとは言い切れないのは、この話題が出て不快に思う人たちがいるからだ。日本人の場合、A型・O型・B型・AB型の順に、おおむね四対三対二対一の割合でいる。多数派のA型・O型よりも少数派のB型・AB型のほうが悪く言われてしまうことがある。過去には少なくとも、幼稚園の縦割りクラス分けで使われたり、会社の人事で考慮されたりしたこともあった。こうなると偏見というだけでなく、差別の問題にも抵触してくる。血液型を元に性格や適性を決めつけられることをブラッド・タイプ・ハラスメント（ブラハラ）と呼ぶ研究者がいるくらいである。

血液型で性格は決まらない。とすれば性格は何によって決まってくるのだろうか。心理学でよく言われてきたのは「氏と育ち」、つまり遺伝と環境である。親から受け継いだ遺伝的要素、それにその人が育っていった生育環境、それらの相互作用で性格は決まるのだというのが常識にもかなった見方であろう。しかしそれもまた本当にそうなのだろうか？

性格というと、通常は個人の特性であると考えられている。「日本人の性格」といった言い方はあるものの、「〇〇さんの性格」というように性格という言葉は使われることが多い。そしてその個人の行動傾向を決めている何かが個人の内なる心のどこかにあると考えられているのである。この考え方を、性格の素朴実在論と呼ぶ。多くの人にとってきわめて常識的な性格の捉え方である。

しかし自分の性格は、いつどこでもいかなるところでも同じだろうか。友だちと楽しくお喋りしているとき、両親と一緒に食事などしているとき、バイト先で働いているとき、車の運転をしているとき、それぞれ違う自分が立ち上がっていると感じることはないだろうか。自分は自分であって一貫していると感じるのは間違いない。「私」というのはひとつの人格的統合体でもある。しかしその状況によって性格が変わるということがあってもおかしくない。実際、自分のよく知っているAさんとBさんは、自分のことをまったく違う性格だと捉えている……などということはないだろうか。

実は、性格には思ったほど一貫性がなく、状況によって変わるということが知られている。この場合の「状況」とは、物理的な状況だけでなく、人間関係やあなた自身を含めた状況を指す。私たちは常にある状況に埋め込まれて生きている。状況なきところを生きるということができない存在なのである。その状況によって人の性格はそのつど立ち上がる――、この考えのことを、性格の状況論と呼ぶ。これが性格の素朴実在論に代わる見方である。

そうは言っても、自分の知っている○○さんの性格は、常に同じように見えるではないかと言いたくなるかもしれない。それは当然のことである。なぜなら私たちは、ある人との人間関係という特定の状況でしか、通常はその人を見ることができないからである。

他の例で考えてみよう。天動説と地動説、いずれが正しいかと言われれば地動説である。天が動いているのではなく、地が動いているということは、小学生だって知っている。しかし、地動説に従ってまわりのことが実感できるかと言えば、答えはノーだろう。実際私たちは、太陽が昇ると言い、星が沈むと言う。しかしこれは明らかに天動説に則った言葉だ。太陽は昇らず、地球が自転しているから太陽が昇るように見えるだけ。星は沈まず、やはり地球が自転しているから星が沈むように見えるだけなのである。

性格の素朴実在論と性格の状況論も、この関係に似ている。実感としては性格の素朴実在論であり、私たちは「○○さんの性格」という言葉を使う。しかし実際には状況によってその人の性格は変わっているかもしれないのである。私たちはそのことを、通常はなかなか直接知ることができない。

この状況の力というのは、思いのほか大きい。私たち個人の行動も、実は状況のなかで起きていることであり、たとえば極端な例を挙げれば、戦争や紛争の場では人を殺すのが普通という状況さえ生まれうる。そこに抵抗して個人が殺人を犯さないというほうが難しいということもありうるのである。

ゆえに私たちは、他者の行動を見たときに、それを単純にその人のせいだとすることはできない。似たような状況に置かれれば、誰でも同じように行動してしまう可能性があるからである。そのような状況の力を軽視し、内的な要因にその人の行動の原因を見出そうとする傾向は、「基本的帰属のエラー」と呼ばれている。これが、社会心理学が明らかにしてきた知見のなかで、きわめて重要なもののひとつなのである。

《2. アイデンティティの拠り所》

「自分は何者か?」と自問自答したことが一度もないという人は、あまりいないのではなかろうか。とくに青年期の、もはや子どもではない、かといって大人にもなりきれていない時期に、そのような疑問をもつことは、何も不思議なことではない。子どものときはそんなことをあまり考えることなく無邪気でいられたかもしれない。しかし中学生ぐらいともなれば、単純に子どものままの気持ちでいられなくなるのが普通だ。「もう小さい子どもじゃないのだから」と言われて、自分も少しは大人に近づいたのかと思うかもしれない。しかし、まだしっかりとした「自分」が確立しているわけではないときに、そのことで思い悩むのは、青年期の特徴のひとつである。

青年期の発達課題のひとつが、アイデンティティの確立だと言われる。アイデンティティという言葉は翻訳しづらく、「自己同一性」などと訳されてはいるが、日本語でそう言われても、なかなか理解しづらい。平たく言えば、「『あなたは何者か？』と問われたときのその人なりの答え」ということである。「あなたは何者か？」と問われて、さてあなたならなんと答えるだろうか？

「日本人です」「名前は〇〇です」「今年で〇歳になります」「〇〇大学の学生です」「出身は〇〇です」「〇〇というグループで活動しています」「自分は〇〇な人間です」……等々、自己紹介をするときにも出てきそうな言葉が、そこに並ぶことだろう。もちろんそれは一人ひとり同じではなく、また同じ言葉を使ったとしても、そこに込められたニュアンスは異なることもあるだろう。

それらの言葉で表現されたことの総体が、自分のアイデンティティであると考えてみよう。どのような順番で答えが出てきているのだろうか。とくに強調したいのはどの言葉だろうか。逆に少し頭をよぎったけどあえて使わなかった言葉はないだろうか。いつからこれらの言葉を使うようになったのだろうか。かつてだったら違った答えになっただろうか。将来はどうなっていくと予想されるだろうか。

この問いかけにひとまず答えを出してみたものの、どこかフワフワした感じを受ける人もいるかもしれない。自信をもって自分は〇〇であると言い切れないということだってありうる。アイデンティティは、誰もがかっちりしたものをもっているとは限らないし、路頭に迷ったようになってしまうこともある。私たちは社会的動物であるから、一人で自分のアイデンティティを確立するということはたいへん難しい。何かに寄りかかって自分のアイデンティティがあるということのほうが、むしろ普通である。

では自分が自分たるゆえんが何なのかということを、もう一歩掘り下げて考えてみよう。たとえば「私は日本人です」という答えが真っ先に浮かんだ人は、自分が「日本人」であるということに、どのような重みがあるのか思いをめぐらせてみてほしい。「日本人」という言葉に、どのような意味合いが込められているのだろうか。単に自分が日本国籍をもっていて、日本人であることに何の疑問も抱いていないという人もいるだろう。一方、自分が日本人であるということは、他の「○○人」（○○には国の名前が入る）ではないということであって、そのことがたいへん気に入っており、「日本人としての誇り」を感じるのだという人もいることだろう。あるいは「日本人」と言ってはみたものの、自分は帰化して日本人になったのであってルーツは他のところにあるという人もいるだろうし、日本で生まれ育ったけれど両親は日本人ではなく、自分が日本人なのかそうでないのか、実はよくわからないという気がしてしまうという人もいるだろう。

もう一度問いを元に戻そう。「あなたは何者か？」と問われて答えたなかで、自分にとって一番大事だと思える言葉が何かということを考えてみてほしい。それが仮に「日本人」であるとする。そして、もしそれが失われてしまったとしたら、つまりたとえば「日本人」であるということを喪失してしまったとしたら、あなたのアイデンティティはどうなってしまうだろうか。これはあくまで思考実験であるが、その先に見えるのは、かなり不安定な自分の姿ではなかろうか。

自分のアイデンティティの一番の拠り所、それが国家だという人もいる。民族だという人もいる。学校や会社という人もいるかもしれない。信仰のある人ならその宗教だという人もいるだろう。政治的な信念をもっていてある政党だという人もいるかもしれない。そうしたところに拠り所を求めている人にとっては、場合によって個人の自由よりも、そのような大きなものの利益が優先されると考えることもある。それは、自分がそのなかで必要とされたい、有益な人間でありたいとする、ごく普通の気持ちの発露でもある。

その善し悪しを言っているのではない。人間みな、そのようなところを程度の差はあれ有しているからだ。しかしその拠り所は、案外脆弱なところもあるのかもしれない。国家も民族も宗教も、想像上の産物だという指摘もある。何らかの状況変化でそれに依って立ち続けることができなくなるかもしれない。そんなときにでも、自立した個人でいられるにはどうしたらよいのだろう。「自立」だけでなく「自律」も求められるとしたら、そうした個人はいかにあるのだろうか。

そのことに確たる答えを、いまここで出すことはできない。人間として生まれ、育ち、やがて青年期を経て大人になっていく。そして多くの人が仕事をし、誰かをパートナーとして結婚して、やがて子どもが生まれ、自分も歳を重ねていく。次の世代の子どもたちもやがて大人になっていき、自分にとっての孫が生まれるかもしれない。もちろんそのような過程のなかで、思いがけない事故に遭遇してしまったり、重篤な病気に罹ってしまったりすることもある。大事な親しい人を失うこともあるだろう。そんななかで自分のアイデンティティはどう揺れ動いていくのだろうか。その拠り所は、どう変化していくだろうか。

さまざまな出会いがあり、多くの人と関わりながら私たちは生きている。「自分は何者か?」というなかなか答えの出ない問いを、ネガティブな方向に向かわせないかたちで問い続けることは、それ自体意味があることなのではないだろうか。

《3．死は何によって決まるのか》

前節では、アイデンティティにからめて「生」の問題を考えた。「生」があれば、当然「死」がある。誰であってもいつかは死を迎えることになり、それは避けることができない。自分や身近な人の死を考えるというのは、なかなか辛いことではあるが、それはすなわち生の問題を考えることでもある。「脳死」という点から、この問題を見つめてみることにしたい。

「脳死と臓器移植についてお聞きします。脳の機能が失われて回復不能になり、呼吸や心臓の働きが人工呼吸器によって保たれている状態を脳死と言います。あなたはこの脳死を「人の死」として認めてよいと思いますか、それとも認めるべきではないと思いますか？」この問いかけは、かつてある世論調査で使われたものである。もしいまあなたがそのように問われたら、どのように答えるだろうか？

「認めてよい」と答えた人は、どのように考えてその判断をしただろう。一番の決め手は「脳の機能が失われて回復不能」という部分だろうか。脳の機能が失われているということは、その人が生きている証でもある意識も停止したということを示していて、回復が不能だということがはっきりしているのであればもう人間として生きているとは言えない――そんな判断がとっさに働いたのかもしれない。

「認めるべきではない」と答えた人はどうだろう。いくら脳の機能が失われているとはいえ、絶対に回復不能だとまで言えるのだろうかと考えたのかもしれない。人工呼吸器に頼っているとはいえ心臓が動いているということは血液が流れているということであり、身体は温いままだろう。そんな状態を「死」であるとは、やはりまだ認められないのではないか――そんなふうに考えた人もいることだろう。

身近な人がそんな状態に陥ってしまったという経験でもなければ、この質問で「認めてよい」「認めるべきではない」という判断をするのは、実際にはなかなか難しい。真摯に考えて答えを出そうとすればするほどそうだ。そこで結果的に「わからない」と答えた人もいたのではなかろうか。たしかにそんな安易に自分の意見を即決できないという人がいるのもよくわかる。むしろそれが、いちばんよく考えた結果の回答なのかもしれない。

実はこの問題、法的にはすでに決着がつけられている。二〇一〇年に改正臓器移植法が施行され、死かどうかを判断する際に、心停止・自発呼吸停止・瞳孔拡大の三兆候があることを原則としつつ、脳死も人の死とするということが定められた。それまでは、本人が事前に書面で臓器提供の意思を示しており、脳死判定が行われ、家族が同意した場合に限って人の死とするとされていたのである。法律で決まったのだから「脳死は人の死」であるという考え方もあろう。でも単純にそう考えるのも、どうなのだろうか。

実際に、身近な人が脳死と判定されたことを、ちょっと想像してみよう。そしてその脳死の状態から臓器提供をするということが現実味を帯びてしまったときに、どんなことが起こってくるのだろうか？

その脳死になった人が臓器提供について事前に何も意思を示していなくても、改正臓器移植法では家族が承諾すれば臓器提供することが可能となった。本人がドナーカードなどで臓器提供をしないという意思を示していない限り、判断はあなたに委ねられることになるかもしれない。それは苦渋の決断という言葉でさらっと表現するのが憚《はばか》られるほどの、とてつもなく大きな苦悩に襲われることになりそうだ。本人の身体はまだ温かい。心臓だって動いている。脳死判定が確定すれば法的には死なのだから、あとは本人だったらどうしたいのかということを推測してみるしかない、ということになるのだろうか。

本人がドナーカードなどによって脳死の場合の臓器提供の意思を示しているとしよう。それならばわりとすんなり判断ができるかと言えば、そんなに易々とはいきそうにない。実際そのような状況に置かれた人の手記を読むと、臓器提供が脳死になった身近な人の意思であるとわかっていても、そう簡単に判断ができるものではないことがうかがわれる。本人の意思も尊重したい。しかし回復の余地はまったくないのだろうか。脳死と判断されても、その後長期にわたってその状態が続いたというケースもあると聞く。それなのに自分が決断してしまえば、確実にそこでその人の生は絶たれることになる……。

脳死を人の死として認めてよいかどうかについては、生命倫理学の分野で長年議論が重ねられてきた。そんななかで、「科学は『死』を決められない」とする意見がある。脳死の人が生きているか死んでいるかは、脳死の人と、それを見守る人との間の人間関係によって決まってくるというのである。どういうことなのだろうか？

家族をはじめとする身近な人たちは、その本人とこれまで「歴史」を共有している。となれば、脳死をもってその人の死と捉えることは必ずしもできない。それは人の情がそうさせているということではなく、その身近な人たちにとっては、その人はまだ生きているのである。他方、その本人とそれまで「歴史」を共有していない医師にとっては、医学的な死として、その人を捉えることになるかもしれない。長期脳死という問題が残されることになるが、医学的な死として脳死を割り切って捉える医者がいても不思議ではない。

脳が死んだら人は死ぬという考えは、人間を人間たらしめているのは詰まるところ脳であるということを基本としているわけだ。しかし、それは一見科学的な判断というように見えるが、実はそれはひとつの信念にほかならない。信念であれば、そうでない信念を間違っていると簡単に言うこともできない。

考えてみれば脳死は、きわめて近代的な医療器具と医療技術が生まれたがために生じた「死」のかたちである。私たち人類は、その新しい「死」のかたちに十分対応するだけの知恵をまだ培っていないのかもしれない。死は個人のものでありながら個人のものでもないというのが、社会心理学的な見方でもある。私たち人間はどんな存在か、なお割り切れない問題をいくつも抱えながら、引き続き考えていくことにしよう。

【コラム7：人がウソをつくとき】

「私はウソをついたことはありません」と人が言うとき、それ自体がウソだと言われる。文字通りこれまで生きているなかで一度もウソをついたことがないという人は、おそらくいない。大なり小なり真実とは違うことを言って、それでその場をやり過ごすという経験がない人はいないことだろう。

では、どのようなときに人はウソをつくのだろうか。すぐに思いつくのは、都合の悪いことを隠すためのウソである。遅刻の理由を問われて、寝坊したとは言えず、電車が遅れたと言い逃れようとするのは、その例である。これは自己正当化のためのウソであり、けっして褒められたものではないが、「嘘も方便」とも言われる。自分自身を守るためであり、否定しきれるものでもないのかもしれない。

それから相手を傷つけないようにするためのウソというのも考えられる。友達が自分のためにと心を込めてつくってくれた料理がとても不味かったときに、それを「不味い」と正直に言ってしまえば、多くの場合で角が立つものだろう。そこで、ちょっと無理して「美味しいよ」と言ってみたり、「自分の口にはちょっと合わないけど、独創的な味だね」などと言ってみたりする。相手を傷つけないためと思いつつも、実際には相手との関係が悪化し、ひいては自分が傷つくのをやはり避けようとするためなのかもしれない。

では、次のような場合はどうだろうか。あらぬ疑いをかけられて逮捕されてしまったとする。近所で殺人事件が起きており、その容疑者となってしまったというのである。そして取り調べを受け、「お前が殺したのだろう?」と詰問される。もちろんあなたは何もやっていないので、最初は「何もやっていません」

と明確に答えるだろう。しかしその詰問が何日も続いた場合、あなたは身の潔白をあくまで主張し続けられるだろうか？

　このような状況のなかで人は、そのうちに心が折れて「私がやりました」と虚偽の「自白」をしてしまうことがあるのだという。もちろんその場の苦しさから逃れるためのウソであろうが、それはすぐに自分を圧倒的に不利な立場に追いやるウソとなる。それでどうやってやったのかとさらに問われ、やってもいない犯罪のストーリーを創作して語ってしまうことがあるのだという。そのような自白の信憑性が裁判で問われることになり、いわゆる冤罪を生み出すことにもつながってしまう。

　そのようなことを聞いても、まさか自分はそんなことにはならないと思う人もいるかもしれない。しかしそのような、自分を不利な立場に置くウソを、誰もがつきうると考えた方がよい。このような状況がもつ力に抗しがたいことを、心理学者の浜田寿美男氏は、冤罪の疑いが濃厚な袴田事件（一九六六年）等の供述分析で明らかにしてきた。人間にはむろん主体性というものがある。しかし、自分の生きる方向性を自分だけで決められるものでもない。自分がついてしまったウソによって、大きく命運が思いがけない方向へと向かってしまう。そんなこともあるのが私たち人間である。

【コラム8：脳死のリアリティ】

「脳死が人の死であるかどうか」という判断は、実感が伴わないところでいくら考えても困難なことである。しかしそれを問う世論調査では、そうした脳死のリアリティを考慮することなく、私たちにその判断を迫ってくる。そしてその結果、「脳死は人の死と考える人は約七〇％であり、以前より増加している」といったことが言われることがある。しかしその七〇％のうちどれだけの人が、この問題に真剣に向きあっているだろうかと考えると、皆無とはいえないだろうか、けっして多くはないのだろう。それは、私たちの多くがそういうリアリティに立ちあったことがないからである。身近な人が脳死になるといった経験をしない限り、この問題には触れられないと言っているのではない。私たち人間は、他の人の経験を書き記したものなどを手がかりに、それを部分的にであれ追体験することができる存在でもある。かつて新聞に掲載された「娘が脳死になった」（東京新聞一九九九年一一月七日）という記事からは、唯一無二の大事な我が娘が交通事故に遭ってしまい、臓器提供意思表示カード（ドナーカード）をもっていたが故にいわゆる「脳死移植」を実施する可能性が出てきて、母親が苦悩するという内容である。これを読むと、そのような状況に置かれたときに、簡単に「脳死は人の死」であると言うことなどできなくなる。

夜が明け、病院の駐車場で、麻里のカバンを確かめたら、財布の中にカードがあったんです。見つけたお父さんが「おい、真理がこんな物持っとるぞ。何か聞いているか」。見たのは初めてでした。臓器移植？　えっ、心臓？　真理の言葉が一瞬で蘇り、お父さんの声が遠くなった。（中略）足はがたがた震え、内臓がうーと、喉から飛び出しそうに息苦しくなって。

これを大事な身内を失うかもしれない人の感傷に過ぎないと、第三者が断じることはけっしてできないだろう。私たちの生は、まさにこのようなリアリティとともにあるのであり、そこを切り捨てることなどできないからである。この記事を読んだ人のなかには、それでも「脳死は人の死」と考える人もいるだろうが、その判断は少なからず揺さぶられるに違いない。「脳死は人の死」だと漠然と考えていた人も、「そう単純には言い切れないものが残る」といったあたりで揺らぎ続けるかもしれない。

この問題のリアリティには別の側面もある。たとえば自分自身が、あるいは自分の大事な身内が脳死の人からの臓器移植によらねば助からないという状況から立ち上がってくるリアリティである。脳死のドナーが現れることを待つ気持ちというのはどのようなものなのだろうか。それに接したときの揺らぎもまた、私たちの思索を深めてくれるものになるのだろう。

図５　「娘が脳死になった」の新聞コラム

5 さらに人間と社会の探究へ

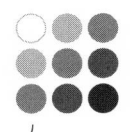

ここまでの各章では、既存のものの見方とは少し違った見方をしていくことを論じてきたが、最後のこの章では、科学そのものや研究の方法論についての少し違った見方・考え方を提示しておきたい。

人間と社会の深い探究をするためには、それに合った方法論が必要である。方法論というのは、その世界で生きていくための術でもある。そのために自然科学を中心とする科学的な方法論さえあればすむかといえば、そうではない。社会的動物としての人間は、常になにかうごめいていて、基本的にじっとしていることがない。その動きを止めて虫ピンで留めてじっくりしげしげと観察するというようなこともできない。しかも人間を観察すれば、観察されている影響を不可避的に受けることにもなる。

しかも研究する研究者自身もまた、そのような存在である。透明人間にもなれず、無論すべてを見渡す神の視点を得ることもできない。自分の身体を晒して、そのことに自覚的になりながら探索を進めることになるのである。

しかし、それはけっしてマイナスではなく、むしろ必然である。そこで必要なのが対話である。では具体的にこうした問題について考えてみよう。

《１．関わる知、フィールドワークの知》

砂場で子どもたちが遊んでいるとしよう。砂のお山をつくって、楽しそうにトンネルを掘っている子どもたちがいる。そんな子どもたちの観察をして子どもの遊びの研究をすることになったとする。砂場で子どもたちが遊びながらどんなやりとりをしているのか、さらにそこでどんなことを感じているのかを知ることが目的だ。そのときあなたなら、どのようにして子どもたちの観察をするだろうか？

研究なのだから科学的な態度で臨まなくてはいけない。そこで大事なことのひとつは「客観的」に見ることだ。そう考えたなら、子どもたちの遊びを邪魔することなく、影響を与えないように、ちょっと離れたところから観察することになるだろう。そこで砂場には入らず、傍らから冷静に観察を始めたあなたに気づいて、子どもが一緒に遊ぼうと寄ってくるかもしれない。しかし、そんな子どもの誘いをやんわりと断って、子どもを砂場に戻るように促し、あなたは引き続き砂場の外から観察を続けることだろう。

たしかにそれもひとつのやり方だ。しかし、子どもたちのやりとりはある程度正確に把握できたとしても、子どもたちがどんなことを感じているのかまではよくわからない。誰しも子どものころ、砂場遊びをしたことがあったはずだ。でも、そのときの砂の感覚は少し覚えているが、何となくしか覚えていない。お山をつくってトンネルを掘ったこともあった。しかしもう一度やってみないとその感覚は実感できない。何より目の前の子どもたちがどうなのかは、やはり砂場のなかに入って一緒に遊んでみないことにはわからないのではないか。ならばいっそのこと、子どもと同じ目線になって一緒に遊んでしまおう……。

砂場に入らず観察するか、砂場に入って観察するか、その違いは案外大きい。著者はこれを「砂場問題」と呼んでいる。前者は自然観察と呼ばれ、後者は参与観察と呼ばれる。目的に応じてどちらも取りうる観察方法である。もちろん研究目的によっては、前者のほうがいいこともある。それだけでなく「科学的」であることを重視するならば、後者の選択は取りにくいと考えるかもしれない。なぜなら、子どもたちのなかに入ってしまうことは、その時点で「客観的」に観察するという態度を放棄したことにもなるからだ。

「科学」というと、通常は自然科学のことを指す。自然科学というと小難しく聞こえるが、要するに小学生のとき以来習ってきた理科がそれに該当する。そこでは「客観的」であることが何より重視される。たしかに、自然科学の研究で同じ手続きを踏んだのに結果が異なるというのはよろしくない。それが誤差と呼ばれる範囲に収まっていればいいが、それ以上の差異があるとなると、手続きに不備があると考えるのが自然である。あるいは研究者が意図的かどうかは別として、結果にバイアスをかけて歪めてしまっていると考えるのである。

しかしそのような態度だけで、社会的動物である人間のことを、十分知ることができるだろうかという疑問がすぐに湧いてこないだろうか。もう少し違う例も考えてみよう。

ある外国の町にしばらく滞在することになった。自分が住み始めた家の前にある路地では、日本では見かけない光景が広がっている。物売りが行き交い、人々がお喋りを楽しみ、屋台でご飯を食べたりお茶を飲んだりする人がいて、子どもたちが楽しそうに遊んでいる。そんな様子を観察して研究したいと考えたとき、あなたなら窓越しにその様子を「客観的」に眺めるだけにしてしまうだろうか。その物足りなさを感じて、思い切ってその路地のなかに出ていって、自分も路地の人々と同じように飲んだり食べたりしようとするのではなかろうか？

しかしその試みは、そんなに簡単にはいかないかもしれない。そこで話されている言語がまるでわからないとなればなおさらだ。短時間なら愛想よくニコニコしながら、そこに留まることができるかもしれない。とはいえそれが毎日のことになると、ずっと愛想笑いを浮かべているわけにもいかない。

でも自分からは何も話せないし、相手の言っていることもわからない。そうなったとしたら、程なくしてそこに居づらさを感じ、家のなかに引っ込んでしまうことになるかもしれない。

筆者自身にもそのような経験がある。ベトナムの首都ハノイでの在外研究に従事していたとき（一九九八年頃）、ハノイの路地の面白さに惹かれて観察を始めたのだが、当初はベトナム語がまるでわからず、長くそこに留まることができなかった。幸いなことにそのときの筆者には、強い味方が現れた。当時二歳だった娘である。まだ日本語もろくに話せない娘には言葉の壁など存在せず、路地の人々にすぐに溶け込んで可愛がってもらうようになった。斜向かいの雑貨屋で、そこの四人家族に混じって一緒にご飯をいただいている姿を見たときには、仰天してしまった。自分にはとても真似ができないと思ったのだった。

その娘がいてくれたお陰で、少しずつ路地に留まれるようになっていった。ベトナム語が相変わらずあまりわからなくても、娘の相手をしていればよいからである。もちろん筆者もベトナム語の勉強に励み、徐々に日常会話ができるようになっていくと、娘の力を借りなくても、路地のなかに溶け込んでいくことが少しずつできるようになっていった。このようにして自ら動きながら関わりながら、異文化の生活世界を知るという体験をさせてもらうことができた。その成果は、後に一冊の著書（『ハノイの路地のエスノグラフィー――関わりながら識る異文化の生活世界――』ナカニシヤ出版）として世に送り出すことができた。もちろんそれは、窓越しに路地を眺めていただけでは書けなかったものである。

砂場問題に戻ろう。砂場に入らず子どもたちから距離をおいて観察するか、砂場に入って子どもたちとの距離をぐっと縮めて観察するかは、研究目的に応じて使い分ければいい。どうせなら両方をやってみるというのもありだろう。最初は距離を置いて、そのあと距離を縮めて観察するという手続きもある。ただしそれらから得られるものは、ずいぶん違いがあると考えておくべきだろう。前者を自然科学の方法論に基づく「関わらない知」と名付けるならば、後者はもうひとつの科学である人間科学、その方法論に基づく「関わる知」である（図6）。「関わらない知」「関わる知」というと前者が一見否定的に聞こえるかもしれないが、そうではない。むしろ、科学＝自然科学と捉えられることが多いことから、「関わらない知」と同じくらい「関わる知」の価値を強調しておきたいのである。なぜなら、社会的動物としての人間、御神輿を共同で担いでいる個人たちを知るのに、その御神輿の揺れる様を外から眺めるだけでなく、その渦中に入って一緒に担いでみるということが、しばしば有益であるからである。

関わる知は、ひいてはフィールドワークの知とも呼べる。フィールドワークにもさまざまなスタンスがあるが、ここでは文化人類学や社会学において用いられてきたフィールドワークにかなり近いも

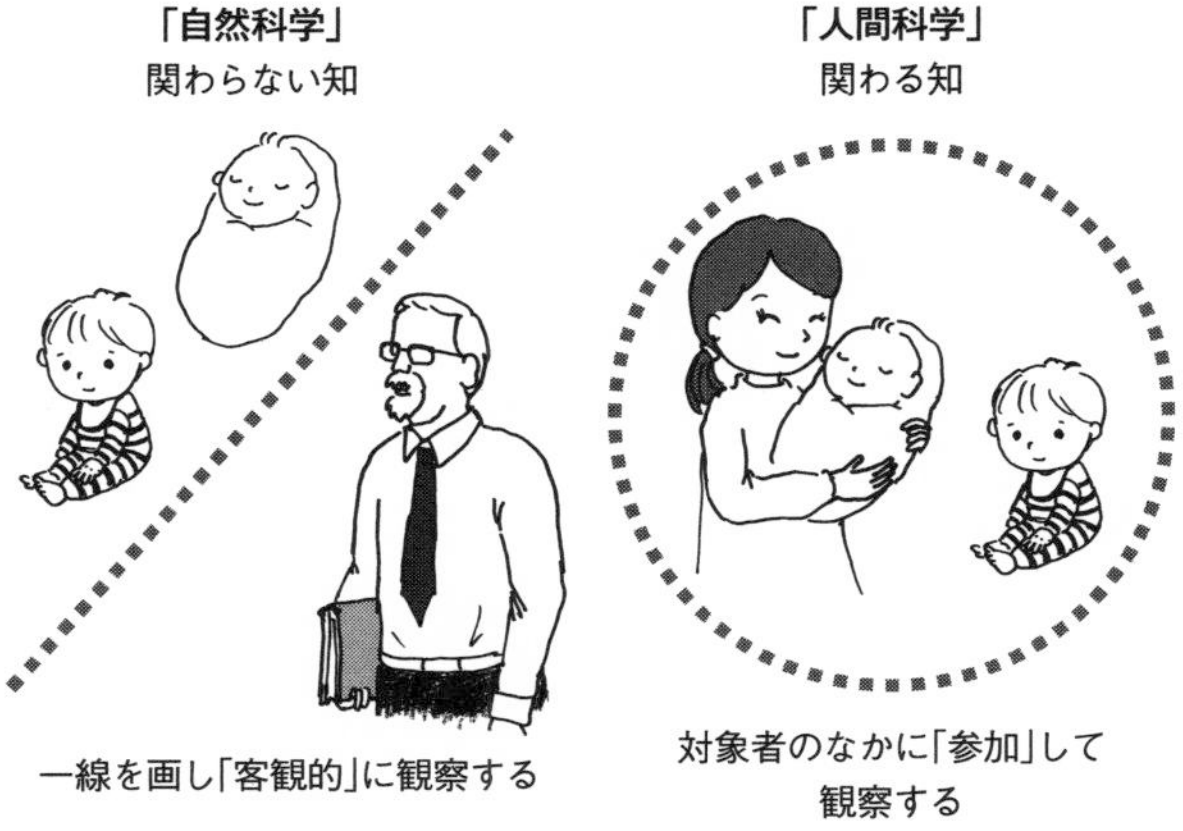

図６　関わる知、関わらない知

のがある。心理学においては、実験的な研究で、むしろ関わらない知、自然科学的な方法論が重視されてきた。しかし、社会心理学においては、関わる知を生み出すことを目指し、人間科学の方法論を重視することが必要なのである。

《2．対話を基調とした探究へ》

人間科学の方法論を実践していこうとなると、自ずと対話が重視されることになる。対話は、単に言葉を交わすことではない。それぞれの発する言葉に真摯に耳を傾け、相手のそれに対してときに共感し、ときに受容し、ときに疑問を呈し、ときに反論したりする。批判はすれど非難はしない。通常、会話と呼ばれるものとは、その質が違うものである。

「みな同じ人間だからわかりあえるはず」と言えるほど、他者理解はしばしば簡単にはいかない。相手も自分も同じような考えなのだろうと思っていると、思いがけず言葉のカウンターパンチを食らうこともある。いくらたくさん言葉を交わしても、対立が深まるだけで対話がなかなか深化しないこともある。言葉の量だけは多いのに、共通する言葉を見出すことができないこともある。まことにもって他者との対話は難しいと実感することも少なくない。

しかし、対立がいかに深くなってしまったとしても、それを物理的な力で解決してよいのかといえば、もちろんそうではない。そのような解決法は、ひいては紛争・戦争ということになってしまう。二〇世紀はそんな力に頼った「戦争の世紀」であったし、二一世紀に入っても武力に頼る傾向は消えてなくなってはいない。多くの人々がそうではない方向を望んでいるはずなのに、人間は戦争をやめられないでいるという時代に、なお私たちは生きている。社会心理学の立場から対話を基調とした探究をするということは、そんな大きな力のぶつかりあいからすれば、ささやかな試みでしかないのかもしれないが、しかしけっして意味のないことではないと筆者は思う。

では、対話について考えてみよう。対話する力を具体的にどのようにすれば高めていけるのだろうか。そのひとつの方法として「円卓シネマ」を紹介したい。映画を媒介とした対話の方法であり、異なる社会的文化的背景をもった人が対話をするための実践でもある。

映画には、通常多くの社会的・文化的な情報が組み込まれている。異なる社会的・文化的背景をもった人が、映画の内容を同じように解釈するとは限らない。自分が感動した場面を、相手は何とも思わないかもしれず、自分が面白くないと思った場面に、相手は気持ちを揺さぶられるかもしれない。円卓シネマは、そんなときに有効だ。同じ映画を一緒に見て、そのあと対話を重ねてみる。題材が映画だけに、対話を始めるのは比較的たやすい。しかし映画には、私たちの生命、生活や人生に関わること、いわばライフが織り込まれているから、それに触れた対話は、けっして浅いものにはならないだろう。

その結果、映画の内容に対する見方が思った以上に相手と異なることを発見するだろう。そしてその溝を埋めようと対話を続ければ、ある程度埋まる場合もあるだろうし、いくら対話を重ねてもなかなか埋まらないこともある。相手の言っていることがどうしても理解できないということは、自分が言っていることも相手にどうしても理解してもらえないことかもしれない。しかし、どの部分がお互いわかりあえていないのかということがわかってくると、それは大きな進展である。それは単純に「お互いわかりあえない」から「お互いどこがわかりあえていないかがわかりあえている」ということへの転換だからである。

そのような境地に達したときには、わかりあえていないところが残っていても、とりあえず相手との折り合いの付け方がわかるし、仲良くもなれるかもしれない。文化的に内向きの姿勢からは一歩踏み出すことができるだろう。先にも触れたヘイトスピーチは論外ということになるだろうし、二次的自己中心性という問題にも気づくことができることだろう。

近年、円卓シネマの他にも対話を基調とした実践がたくさん展開されている。たとえばサイエンスカフェと呼ばれるものがその一例である。サイエンスカフェでは、ある分野の専門家がまずその分野の最先端の知見をわかりやすく紹介する。しかし一方的に話をしてそれでおしまいではない。専門家ではない市民がそれを聞いて論点を理解し、その内容をどうこの社会で活かしたらいいのかといった点について対話を重ねるのである。むしろこの後半部分が重要となってくる。これは最先端の知識を市民が受動的に得るということに留まらず、それをどう価値付け自分たちのものにしていくかということが問われる実践である。

また哲学カフェという実践もある。こちらでは、何かひとつ言葉が示され、その意味を深く対話しながら追求し、最終的にその言葉の定義を合意形成の上でつくるということが目指される。たとえば「境界」とは何かということを話題にすると、まず自分がこの言葉をどういうときに使っているかということが各自に問われ、それぞれがそれを話していく。他の人が言ったことに刺激されて思いつくこともあるだろう。何かと何かをわけ隔てていくのが「境界」であるならば、その内側にあるものは何で、外側にあるものは何なのか、そんなことを参加者たちは言葉にしながら思索を深めていくのである。最終的に正しい答えが用意されているのではない。対話をしながらみなで正解をつくっていくことが目指される。進行を務めるファシリテーターは哲学に精通した人が務めることが多いが、哲学カフェではその人が「教える」ということは基本的にない。

防災ゲーム「クロスロード」も、対話を重視した実践である。このゲームでは、東日本大震災をはじめ、多くの自然災害に見舞われている私たちが、本当に被災をした場合にありうる場面が提示される。たとえば「あなたは消防団員」などと想定される立場が示され、「大地震に続いて津波警報が発令された。津波到来まであと一〇分くらいだと予想されるが、海辺には足の悪いお年寄りが住んでいる。あなたは急いで助けにいく?」といった、実際にあり得る、まことに悩ましい場面が提示される。自ら津波に巻き込まれる可能性がありながら助けにいくなら「イエス」、自分の命を優先して高台にすぐ避難するなら「ノー」。いずれかの選択をまず自分だけで考えて選択し、それを全員で開示して、そこから対話を始めていく。クロスロードにも正解がないとされ、暫定的にその場合に一番よいと考えられる暫定的な答え、いわば「成解」が目指されることになる。

対話からはすぐに相互理解が生まれるわけではない。対話は決裂することもありうる。しかし対話によって言葉を交わし続けることは、私たちがかろうじてでも繋がりを保ちつづけ、悲劇的な決裂——

戦争や紛争などを避けることにも繋がる。

このような対話的な実践は、社会心理学から見てもたいへん興味深いことは言うまでもない。それは、唯一正しいものの見方が外側にあるわけではないということであり、御神輿を担いでいる私たちが内側からそれを模索する過程を大事にしていくということである。ある分野の専門家である研究者にはもちろん役割があるが、昨今市民はそれを享受するだけの存在ではないという方向に時代はシフトしている。専門家任せにしない態度、自立し自律した市民であることが、これからの時代にふさわしいのではないだろうか。

《3. 本当の「エリート」とは何だろうか》

「はじめに」でも少々触れたが、偏差値という言葉を聞いたことがない人はいないだろう。「偏差値七二」などと聞くと、「すごく頭がいい」という連想が直感的に働く人もいるのではないか。偏差値は、個人のテストの成績から相対的な順位付けを明らかにするための指標であるということは薄々知っていて、高校や大学のランク付けの指標ともなっているのは周知の事実だ。しかし、「偏差値五〇」が平均であることは知っていても、「偏差値七二」が何を意味するのか、「すごく高い」というぐらいのところで、わかったような気になっていないだろうか。

大学生たちに問うても、偏差値の計算式まで理解している人はほぼ皆無だ。それどころか、「平均よりも二二ポイント高い数値」「平均点が五〇点のテストで七二点とれるということ」などといった不正確な理解をしている場合も少なくない。にもかかわらず私たちは、ときに偏差値に一喜一憂し、頭の良さを測る指標だと思わされている。

ちなみに偏差値は、次の式で計算することができる。

偏差値＝{(個人得点－平均点)÷標準偏差}×一〇＋五〇

標準偏差がどうやって計算されるかの説明も必要かもしれないが、そこは数学の教科書でも読み返してもらうことにして、ここではデータのばらつき具合の指標であると考えておこう。自分の偏差値を知るためには、自分の得点（個人得点）から、そのテストを受けた全員の平均点を引く。平均点よりも高い点を取っていればプラスの数値に、逆に低い点だったならばマイナスの数値になる。しかし単に平均より高いか低いかだけでは、相対的な評価はわからない。そこで標準偏差で割るのである。平均値との差が大きくても、そもそもばらつき具合も大きければ、相対的な差は小さいことになるし、平均との差が小さくても、ばらつき具合も小さければ、相対的な差は案外大きいということになりうる。偏差値計算のためには、それに一〇を乗じて五〇を足す。偏差値は、平均値五〇、標準偏差一〇に標準化された指標ということなのである。冒頭の偏差値七二というのは、平均から標準偏差二つ以上の上位ということになり、これは統計的に上位二・三％以内ということが推測できるのである。

さて、偏差値の計算式と意味は理解できたとして、しかしこれが「頭の良さ」の指標であるとする常識には、ここまで本書を読んでくださった人なら、すぐに疑問符を付けたくなることだろう。たしかにそれはひとつの指標であり、まったく意味がないということはない。しかしテストの点数だけを元にしているわけだから、それ以上のものではないことは明らかだ。日常的に私たちは、「頭がいい」とか「頭が悪い」という言葉を使う。「いい学校」などというときの「いい（良い）」もほぼ同義だ。学校のテストや入試の点が良いからといって「頭がいい」と単純にいってしまうのは、あまりに短絡的である。「頭の良さ」が測れるとしても、それを測る指標はいくつもあってしかるべきだ。

同様に、いわゆる「エリート」という言葉も、常識的な解釈から少しずらして考えてみよう。これはもともと「選ばれた者」を意味するラテン語からきているが、「いい学校」を出て「いい会社」に入り働いている人が、すなわちエリートなのだろうか。もちろんそれに該当する人が、社会のなかで素晴らしい活躍をすることもある。一方で、そんな道を歩んだ人が社会的に問題のある行動をすることもある。差別的な言動を煽ったり、人々に害を及ぼしたりすることすらある。それでもその人はエリートなのだろうか？

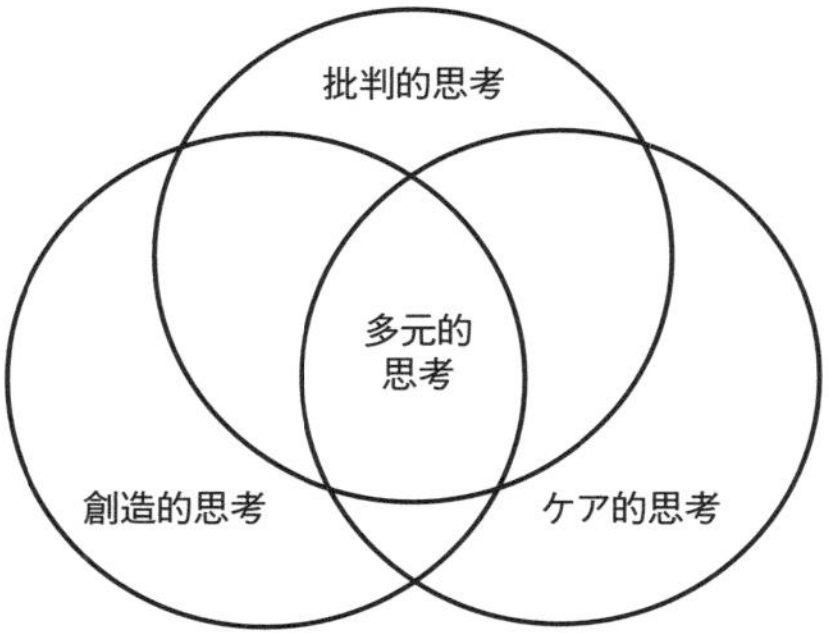

図７　思考力の３つの側面
（河野哲也著 2014『「こども哲学」で対話力と思考力を育てる』河出書房新社）

エリートという言葉を、そのような人を念頭に皮肉を込めて使うこともあるだろう。しかしここではあくまで肯定的に捉えてみたい。筆者が考えるエリートとは、端的には多元的な思考ができる人のことである。多元的思考は三つの要素から成り立っているといわれる。批判的思考・創造的思考・ケア的思考である（図７）。批判的思考というのは、本書に通底している「常識をずらしてみる」という姿勢をもった思考である。そしてそこから何か新しいものをつくりだしていくのが創造的思考である。ただし、それが自分だけでなく立場の異なる人々にとっても冷酷なものであってはならないと思う。そこでもうひとつ必要なのがケア的思考である。この三つをすべて実践することは、学校のテストで一〇〇点を取るより難しいことだろう。その志向性を強くもち実践するのが、筆者が考えるエリートである。

言い換えれば、偏差値が高いこと＝頭が良い、と単純に言うことはできないのは言うまでもなく、ひとつの側面から物事を見るのではなく、さまざまな面から物事を見て、想像力たくましく、世界の問題にも幅広く関心を抱き、社会のなかの隠された問題にも注意を傾け、何かを行動に移していく――そんな人をエリートと呼べるのだろうと思うが、いかがだろうか。

そんな社会のなかのエリートを目指すことは、これまた簡単なことではないが、学問という営みを真摯に続け、他の人との対話をしっかり行う姿勢をもつことができたなら、誰にでもその可能性は開けてくる。容易に到達できることではないけれども、それに向かってささやかにでも努力をしたい。筆者自身もまだまだその途上にいると考えている。

【コラム9：境界、そして共有地の悲劇】

かつて筆者が参加した哲学カフェのテーマが「境界」であった。哲学カフェというのは、あるテーマについて参加者全員で対話を重ね、その本質を探ろうとするワークショップのひとつである。境界にはさまざまなものがあるが、いずれも内と外の境目を明確にする装置として働くものである。自分だけが内で、それ以外はすべて外だと感じるような境界もあれば、仲間内であるか外であるかを区別するための境界もあるだろう。自分が国籍を持つ「自国」とそれ以外を意味する「外国」を区別する「国境」という境界もある。その哲学カフェでは、自分を取りまく多重の境界が、その内側にあるものを守るためのものでもあることが、対話によって浮き彫りになっていった。

境界の内側にあり自分が所属する集団のことを「内集団」、それ以外の集団を「外集団」と呼ぶことがある。内集団のメンバーは、いわば「身内」であり、「内集団びいき」が働きやすい。身内が優れたことをすれば、その能力の高さなどにその原因があると考え、一方、外集団のメンバーが同じく優れたことをしたときには、たまたま運が良かったなどと外側に原因があると考えたりしがちである。そのようなときに、公平な原因帰属をすることは難しい。

境界は、とくに何か問題を生じさせるようなものではないことも多いが、ときにそれは境界を越えた共感や協働を難しくし、大きな対立を生んでしまったり、さらに問題が大きくなればヘイトスピーチなどに見られるような言動にもつながってしまったり、さらには紛争や戦争を引き起こしてしまうこともある。

もともと人がつくりだしたものであり、その期限は想像の産物にすぎないものであったりするが、現実に越えるに越えられない境界が存在するのは、たとえば朝鮮半島の南北を分断する休戦ラインを考えればわかるだろう。

そのような境界が明示的にはない「共有地」も存在する。たとえば共有の牧草地で家畜の放牧をしていると想像してみよう。そのような牧夫が複数いる場合、当然自分の家畜により多くの草を食べさせようとするだろう。共有地なので、どこまで草を食べさせてよいかというルールはない。となるとより多くの草を自分の家畜に食べさせた牧夫が利益を得ることになるが、全員がそのようにしてしまうと、やがて共有地の草は再生不可能になり、全員が共倒れとなる。これは社会的ジレンマの一種であり、「共有地の悲劇」と呼ばれている。

その悲劇を回避するためには、共有地の資源活用に関するルールを、関わる当事者全員で決めてそれを遵守すればよい。ただ現実に、それほど簡単にはいかないかもしれない。誰かがルールを破れば、あっという間に合意事項は反故にされてしまう。ならば境界を定めて互いに不可侵とするという選択肢も出てくるだろう。しかし今度はその境界をどこに引くかで合意できないこともある。現実の世界でも隣国同士の解決困難な「領土問題」が存在するのは、周知の通りである。

【コラム10：対話を促すワークショップ】

近年「ワークショップ」と呼ばれる機会が、いろいろな場面で増えている。講師と呼ばれる立場の人が一方的に何かを教えるというのではなく、その枠組みや進め方は提示するものの、そこには「唯一の正しい答え」というのは存在しない。参加者同士が言葉を交わすなかで、自分自身が気づいていなかった意見や見方に接し、思索を深め、協働しながら答えらしきものを探っていく。そんなプロセス自体が重視される方法である。

そこで出てきた「答え」は、まさに対話の産物である。声の大きな参加者が自分の意見を押し通してしまうというようなことでない限り、誰かの頭にあったアイディアということでもなく、参加者が共同生成したものであり、事前にはどこにも存在しなかったものとも言える。もちろんそのようにしてできた「答え」が、その後もずっと妥当だとは限らないが、少なくともその場では価値の高いものと見なすことができるだろう。

このような対話を促すワークショップが受け入れられているのは、この社会にとりもなおさず対話が不足しているということを意味するのかもしれない。たとえば国会審議を見ていると、野党議員が政府与党の施策をあの手この手で批判し、しかし実権を握っている与党議員は、それをどうにかのらりくらりとかわすということがしばしば見られる。そこには、そのやりとりのなかで何か新しい「答え」が生まれるということはほとんどないように見える。もちろん議員たちも、別のところでは対話を行っているのかもしれないが、それが私たちにはなかなか見えてこない。いわゆる政治不信も、このあたりに源があるのではなかろうか。

大学では近年、一方的に教員が講義をするというスタイルが徐々に少なくなり、アクティブラーニングが多く取り入れられるようになった。授業の感想を学生が書いて教員にフィードバックするといった試みだけでなく、対話を基調としたグループワークが用いられることも多い。そこでは「唯一の正しい答え」はなく、学生たちが自ら「答え」を模索するプロセスが重視される。いわゆるゼミといった少人数の集まりだけでなく、大教室で行われる講義でも、そのようなやり方がさまざまに工夫されている。筆者自身も、三〇〇人近い受講生がいる講義で毎回席替えをしてグループディスカッションをするなどの試みを、文字どおり試行錯誤的にこれまで行ってきている。

それはまさに実質的な学びの場となる。たとえば「学ぶとは○○○○である」の「○○○○」を埋めてみましょうと言われたら、あなたはどんな文言を入れるだろうか。そしてまわりの友人・知人はどんな文言を入れるだろうか。筆者は「自分が変わること」と入れたいと思うが、むろんそれが「唯一の正しい答え」ではない。このようなことを対話的に考えていくこと、それこそが「学ぶ」ということなのではなかろうか。

おわりに——自分なりの「地図」をつくる

いまや世界中のどこへでも、比較的容易に行ける時代になった。さらにインターネットの普及で、世界中から情報を得ることができるようになっているし、自分が世界に向けて情報を発信することもできる。ブログはそのための手段だし、Twitter や Instagram、Facebook といった SNS を使用して世界中の人々と繋がることができる。私たちはすでに、グローバルに行動していると言っても過言ではない。

“Think globally, act locally”という表現がある。「グローバルに考え、ローカルに行動しよう」ということだ。しかし、世界の諸問題はどこに行っても普遍的とは限らず、地域に特化した問題かもしれない。そうなれば、“Think locally, act globally”、つまり「ローカルに考え、グローバルに行動しよう」ということも必要になってくるのではないか。

その両者をもっと手短かに表現できないかと考えられたのは、“Live interlocally”である。インターローカルとは、複数のローカルを繋いでいこうということだ。「インターローカルに生きよう」、そこにこれからの私たちのありうる指針のひとつが見えてくるように思うのだが。いかがだろうか。

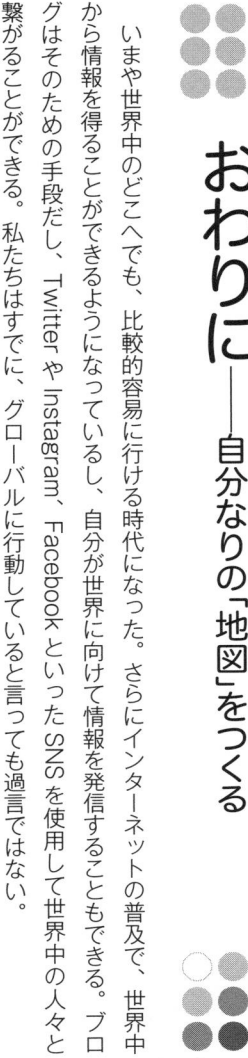

「何も見ないで世界地図を描いてみてください」――そう言われたら、あなたはどんな地図を描くだろうか。これまで何度も目にしたことがある世界地図。大まかな輪郭は思い浮かんでも、詳細までは思い描けないことが多いだろう。世界には国と地域が二〇〇ぐらいあるが、それらをいくつ知っているだろう。そしてあなたの地図のなかにいくつ位置づけられるだろうか。

実際にやってみるとすぐにわかることだが、本当に思いのほか世界地図が描けなくて愕然とする人が多いことだろう。世界のことがわかっているようで、まるでわかっていないことを突きつけられるかのようだ。このようにイメージされ描かれた地図のことを「認知地図」と呼ぶが、その認知地図が、今のところのあなたの世界である。興味のある国は比較的きちんと描けても、名前すら思い出せない国のほうがはるかに多いのではないか。

しかし、それで悲嘆に暮れることはない。その程度しか私たちは世界のことを知らないと気づけばまずはよいのだと思う。そこで今後は、この自分の世界地図をもっと豊かにしていこう、豊かにしていく余地はたくさんあると考えてみてはどうだろう。まだまだ未知の世界が広がっている。それを知ることは、これからの楽しみではないか。

もうひとつ考えておきたいことがある。自分が描いた地図は、「日本が中心、北が上」という地図になっていないだろうか。そして経度線がまっすぐ平行になったメルカトル図法で描かれたものが想定

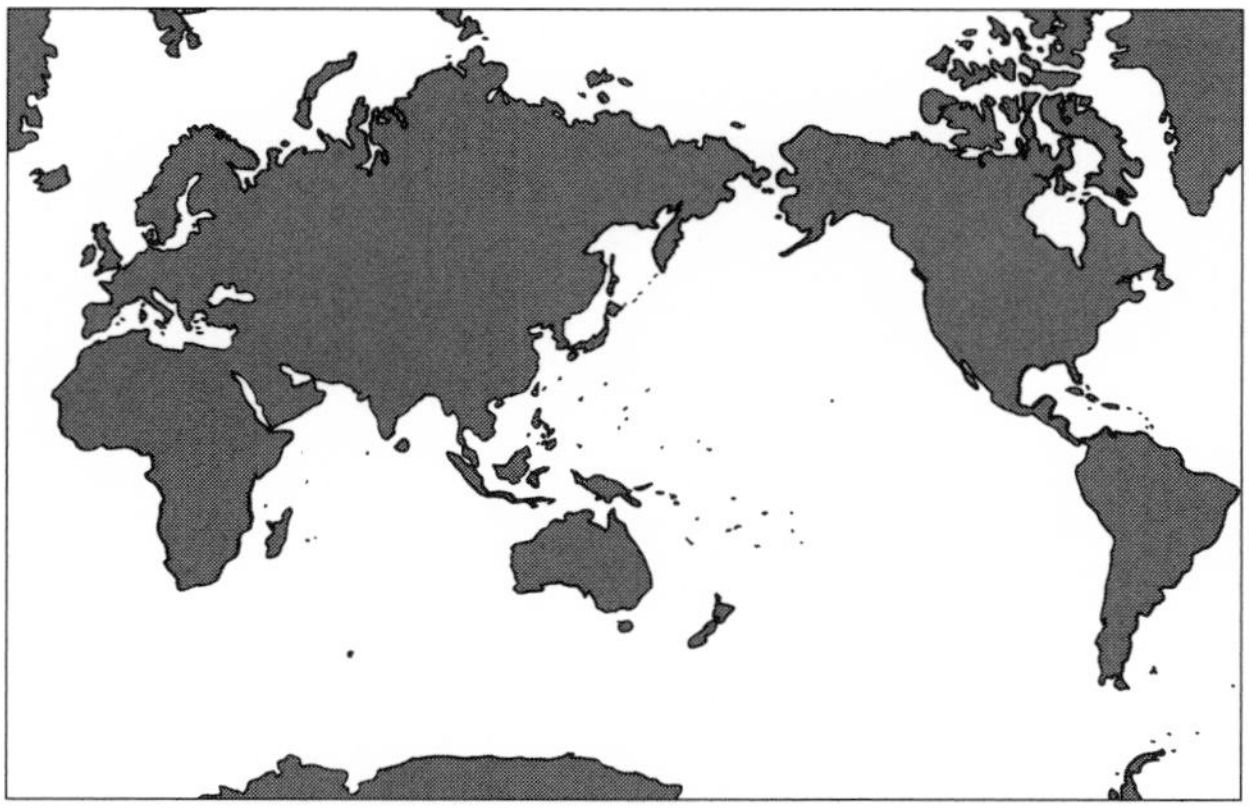

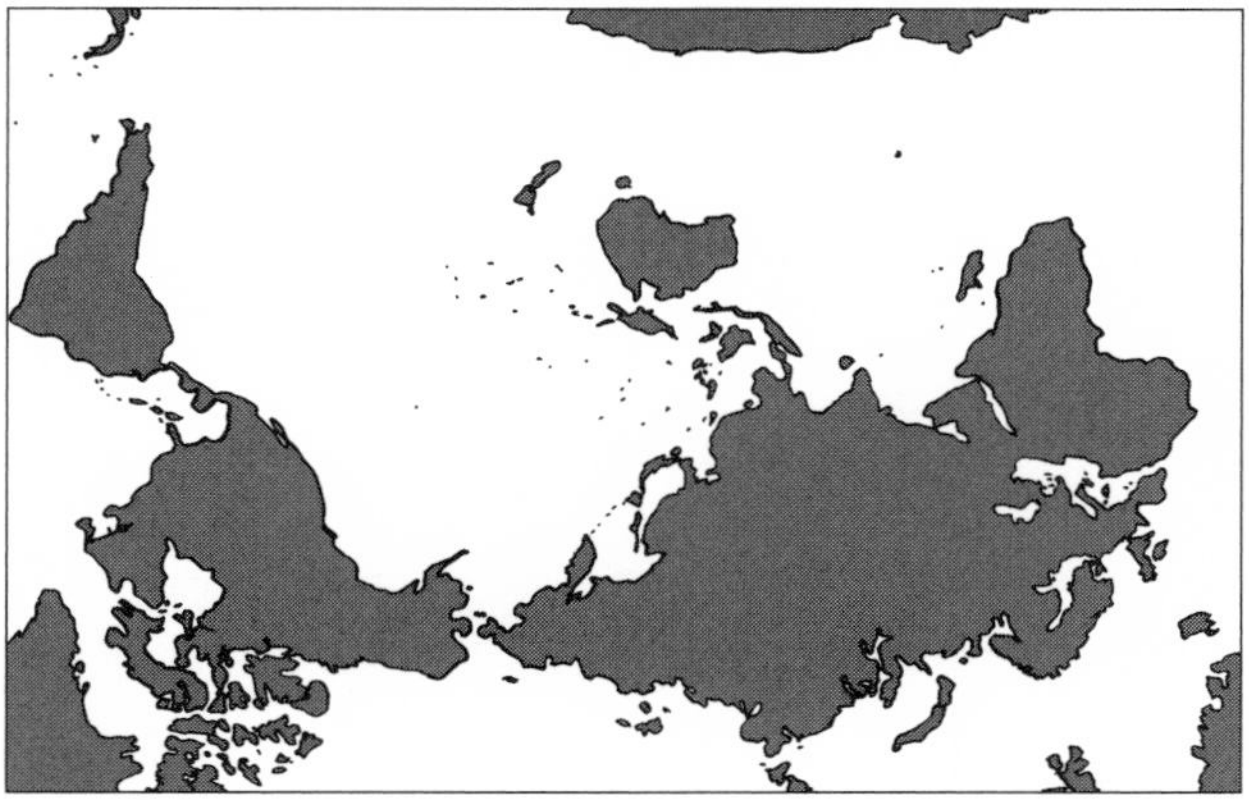

されていないだろうか。

もちろんそれが間違っているわけではない。一番見慣れているのがそれだから、そのように描いたのだという人も多いだろう。ただ世界地図と言えばそれしかないように思い込んでいるとしたら、それは固定観念というものである。世界地図の描き方は、もっと多様だ。オーストラリア

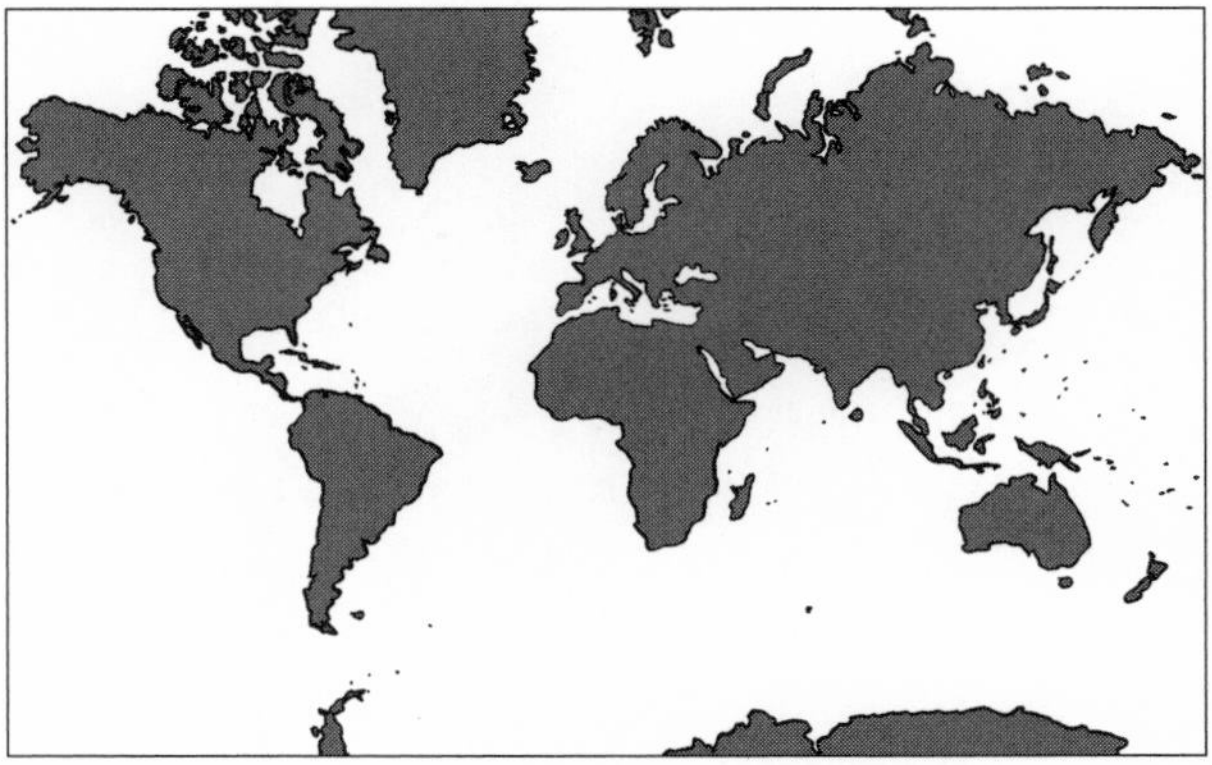

には南が上の世界地図もある。ヨーロッパでは当然、ヨーロッパが中心に描かれた世界地図が使われている。日本を「極東」と呼び、冷戦の時代にアメリカを西側陣営、ソ連を東側陣営と呼んだのも、その地図に由来している。日本が中心の世界地図であれば、アメリカは東側、ソ連はどちらかというと西側だ。

国連の旗を見たことがないという人はいないだろうが、そこに何が描かれているか知っているだろうか。そこにも世界地図が描かれている。ただし北極が中心で、そこから同心円上に世界が広がるように描かれている。北極中心の世界地図があるのだから、南極中心の世界地図だって描けるはず。しかし残念ながらそれはお目にかかったことがないな……と思ってインターネットを検索してみたら、筆者が知らなかっただけで、それもいくつも出てきた。ついでに他の世界地図はないかと見てみると、出てくる出てくる、こんなにも世界の描き方は多様だったんだ！

もっと身近な地図を描くことを考えてみても興味深い。試しに、家や学校や勤務先の近所の地図を描いてみよう。そしてそのなかに、自分が覚えているお店や建物の名前なども記入してみよう。そんな地図ができたなら、それをもって実際に歩いて確認してみるといい。すると、見落としていたお店や建物を「発見」することになるだろう。直角に描いた交差点が実はそうではなかったり、まっすぐ描いた道が実はけっこう曲がっていたりする。市販の地図やインターネット上で見られる地図と比較すると、ますます不正確だということがわかってくる。ただ、いかに正確かが重要なのではなく、どのように歪んでいるのか、何が描けて何が描けていないのかを知ることが大事だ。

そもそも人間は、なぜ地図というものを生み出したのだろうか。その答えはいくつもありそうだが、「世界がどうなっているのかを把握したいという野望をもっている」というのも、ありうるひとつの答えだろう。古地図を見ればすぐ気づくように、地図には「地理」だけでなく「歴史」も刻まれている。そこで自分がどんな地図をもつかということは、自分をとりまく世界にどういう態度で対峙するかという問題にもなってくる。「地理」や「歴史」に無知であることはある程度やむを得ないとしても、その無知を自覚したなら、やはり知る努力をするというのは大切だ。

さて、ここまでは「空間の地図」であったが、それがあるなら「時間の地図」があってもよい。いわゆる年表は、時間の地図のひとつである。歴史学の教科書に載っているようなものばかりではなく、自分史を書くとした場合の自分の年表も、また立派な時間の地図である。世界についての空間の地図、私たちはかなり不確かなものしかもっていないことを先に見た。では時間の地図についてはどうだろうか。

時間の地図といっても、いろいろなスパンのものがありうるが、こんな地球の時間の地図はいかがだろう。地球に生きている私たちだが、私たち人類の歩んだ時間の長さは、地球の時間に比べたらどのくらいなのだろうか。地球誕生が一月一日午前〇時、現在はそのちょうど一年後であると仮定すると、人類が生まれたのは何月何日の何時ごろなのだろうか？

地球誕生を四〇億年前、人類の祖先が出てきたのが四〇〇万年前と仮定して計算してみると、人類誕生はすでに大晦日一二月三一日、時刻は一五時一四分二四秒である。人類は、この地球では、本当に新参者だということなのだ。いわゆる人間としての歴史を刻み始めたのが四〇〇〇年前だとすれば、それは一二月三一日二三時五九分二八秒四六四であり、人間の歴史は三〇秒余りの時間でしかないことがわかる。あなたが二〇歳だとすれば、あなたの誕生は一二月三一日二三時五九分五九秒八四二三二である。本当にかりそめの時間でしかない。

ここ一〇〇年ぐらいのあいだに、人口は爆発的に増え、環境は驚異的なスピードで破壊され、多くの戦争や紛争がおき、おびただしい数の人々が犠牲になった。それは地球の時間の地図にマッピングすれば、一秒にも満たないなかでの出来事なのである。地球に意思があったなら、「人間たちは何をしてくれるのだ」と怒っているかもしれない。

それから、自分の祖先が何人いるのかということを想像してみたことがあるだろうか。両親は二人、祖父母は四人、曾祖父母は八人と、代を遡るごとに祖先は二倍に増えていく。一〇代前は二の一〇乗で一〇二四人、二〇代前は一〇〇万人を越える。二五年で次の世代が生まれると仮定すると、一〇〇年で四世代進むので、二〇代前は五〇〇年前ということになる。五〇〇年前といえば戦国時代。そこに自分の祖先に当たる人が一〇〇万人以上いて、そのうち誰か一人でも欠けていたら、いまの自分は存在しないのである。自分の子孫についても、同じような仮定が置けるのであれば、二〇代後には一〇〇万人を越えるぐらいの子孫がいるということになる。世界がサステイナブルで五〇〇年後に本当にそうなっているかどうかは、私たちの知恵と行動に関わっているのだろう。

このようなことを想像力をたくましくして考えてみるのも、あながち無益ではないと筆者は思う。社会心理学を基調としながらこんなことを考えてみるのは、筆者自身がいま、サステイナビリティ学にも深く関わっているからでもある。サステイナビリティとは持続可能性、地球や社会や人間のシステムが、現在だけでなく将来にわたって、自分の生きている時代だけでなく、次の世代も、また次の世代も続いていくようにするには何が必要かということを考え実践するのがサステイナビリティ学である。いわゆる既存の学問分野のひとつではなく、二一世紀に入って生まれてきた新しい分野だ。そこには文系・理系の枠を超えて、自然科学も人間科学も協力し協働しあって進めていかねばならず、さまざまな研究者がそこに関わっている。

この社会には、実に問題が山積している。本書のタイトルを「二一世紀を生きる社会心理学――人間と社会の探究のためのレッスン」としたのは、もちろん心理学の一分野としての「社会」心理学ではなく、「社会心理」学を意味した上でのことであるが、その意味での社会心理学でも収まりきらない問題があるわけである。しかしそのなかで社会心理学は、かなり重要な位置を占めることができるのではないかという考えが筆者にはある。社会心理学中心主義というのではないが、社会と個人の相互作用を捉えていく志向性は、人間のこと、社会のこと、そしてひいては世界の諸問題を探究する上で、必要不可欠ではないかと思うのである。

私たちが世界について一生かけても知ることができることはごくわずかなことで、たかが知れているのかもしれない。しかしこの世に生を受け、社会的動物として育ち生きているのであれば、やはり私たち人間のこと、そして社会のことを、視野を広げてできるだけ知りたいではないか。いや知りたいだけでなくて、そこでなにがしかプラスのことをしたいとも思うなら、その知的な探究の方法を知ることが大事になってくる。本書がそのためのヒントのひとつになれば、そしてそのような探究の実践を始めるきっかけになるならば、この本を書いたものとしてはこれ以上の喜びはない。

社会心理学の入門書だと思って本書を手に取った人にとっては、あまり期待に添えない内容だったかもしれない。しかし期待外れのその部分にこそ、なにか琴線に触れるものがあったならばと思う。もちろん社会心理学的なトピックは、まだまだ他にもあり、探究すべき問題はたくさんある。本書を手にしたことがきっかけで、自ら学問の営みを始めたという人がいたのなら、筆者としては望外の喜びである。

索　引

あ　行

か　行

さ 行

た　行

な　行

は　行

ま 行

や・ら・わ行

≪著者略歴≫

伊藤　哲司（いとう　てつじ）

1964年　名古屋に生まれる
1993年　名古屋大学大学院文学研究科（心理学専攻）満期退学
1993年　茨城大学人文学部講師
1996年　茨城大学人文学部助教授
1998年5月～1999年2月　文部省在外研究員としてベトナム（ハノイ）滞在
2006年　茨城大学人文学部教授　現在に至る
2014年9月～2020年3月　茨城大学地球変動適応科学研究機関(ICAS)機関長
専　攻　社会心理学、ベトナム文化研究、サスティナビリティ学
学　位　博士（心理学）(1995年　名古屋大学)
主な著書：『ハノイの路地のエスノグラフィー――関わりながら識る異文化の生活世界――』（ナカニシヤ出版）、『動きながら識る、関わりながら考える――心理学における質的研究の実践――』〔共編著〕（ナカニシヤ出版）、『アジア映画をアジアの人々と愉しむ――円卓シネマが紡ぎだす新しい対話の世界――』〔共編著〕（北大路書房）、『非暴力で世界に関わる方法心理学者は問いかける』（北大路書房）、『サスティナビリティ学をつくる――持続可能な地球・社会・人間システムを目指して――』〔共編著〕（新曜社）、『往復書簡・学校を語りなおす――「学び、遊び、逸れていく」ために――』〔共著〕（新曜社）、『「渦中」の心理学へ――往復書簡・心理学を語りなおす』〔共著〕（新曜社）、『みる　きく　しらべる　かく　かんがえる――対話としての質的研究』〔単著〕（北樹出版）、『アジアの質的心理学――日韓中台越クロストーク』〔共編著〕（ナカニシヤ出版）他

21世紀を生きる社会心理学――人間と社会の探究のためのレッスン【新版】

2016年10月20日　初版第1刷発行
2021年 8 月10日　新版第1刷発行

著　者　伊藤哲司
発行者　木村慎也
印刷・製本　シナノ印刷株式会社

・定価はカバーに表示

発行所　株式会社　北樹出版

http://www.hokuju.jp
〒153-0061　東京都目黒区中目黒1-2-6
TEL：03-3715-1525（代表）　FAX：03-5720-1488

ISBN　978-4-7793-0665-5